BRASIL visto de cima
BRAZIL seen from above

BRASIL visto de cima
BRAZIL seen from above

2013

Presentation

Brazil is a one of the most diverse countries on our planet. We Brazilians are proud of the beauty and the characteristic elements of the various landscapes of our land. Our geographic frontiers define an area with continental dimensions and make us neighbors of many countries.

This diversity is present not only in the natural characteristics of our land, but also is reflected, in apparent and curious synchronicity, in the multiplicity of races that make up our population and, consequently, inspire the richness and plurality of our cultural expressions.

The many types of soil; the varied but mild climate from North to South; the imposing but not isolating terrain; the contours of our seacoast, with beauty in its inlets and promontories and which, throughout its extension, both attracts and welcomes visitors; our water resources, which motivated our territorial expansion and facilitated the unification of this extensive area under a single flag and the common language of Portuguese — all of these were preponderant factors in the formation of our nation.

This publication, organized by Editora Brasileira, with the cooperation of Matthew Shirts, chief-editor of the National Geographic magazine in Brazil, provokes the perception of this wide natural diversity from an unconventional perspective — "seen from above". PwC Brazil's sponsorship of this work suggests that we also seek a new angle for a better understanding of the real dimension of Brazil as an emerging country and economy. In other words, a more complete perception of the emerging phenomenon of Brazil may be facilitated by adopting a view which is distinctive and, by analogy, broader and more diverse.

Finally, by sponsoring this publication, we also reinforce our commitment to act responsibly in protecting the environment and developing the communities where we are present.

Fernando Alves
CEO
PwC Brazil

Apresentação

O Brasil é um país com uma das maiores diversidades do planeta. Nós, brasileiros, nos orgulhamos da beleza e dos elementos que caracterizam as diferentes paisagens de nossa terra. Nossas fronteiras geográficas delimitam uma área de dimensões continentais e nos fazem vizinhos de muitos países.

Essa diversidade está presente não apenas nas características naturais de nossa terra, mas, em aparente e curiosa sincronia, reflete-se também na multiplicidade de raças que deram origem ao nosso povo e, por consequência, à riqueza e à pluralidade de nossas expressões culturais.

Os vários tipos de solo, o clima variado, mas ameno de norte a sul; o relevo, imponente sem nos isolar; nossa morfologia litorânea, bela nos seus recortes e estirões e que por sua extensão atrai e acolhe o visitante; a hidrografia, que por seu desenho motivou nossa expansão territorial e facilitou a união de extensa área sob uma só bandeira e uma só língua, que é o português, foram fatores preponderantes na formação da nacionalidade do povo brasileiro.

Esta publicação, organizada pela Editora Brasileira com colaboração de Matthew Shirts, redator-chefe da revista *National Geographic* no Brasil, instiga a percepção dessa vasta diversidade de natureza por meio de um olhar que foge ao convencional, "visto de cima". Ao patrociná-la, a PwC Brasil sugere a busca de um ângulo novo também para melhor entender a real dimensão do Brasil como país e economia emergente. Ou seja, o mais amplo aprendizado desse fenômeno emergente que é o Brasil pode ser facilitado pela adoção de uma ótica distinta e, por analogia, também mais abrangente e plural.

Finalmente, com o patrocínio da publicação desta obra, ainda reforçamos nosso compromisso com a atuação responsável em relação à preservação ambiental e ao desenvolvimento das comunidades em que atuamos.

Fernando Alves
Sócio-Presidente
PwC Brasil

Sumário
Contents

Apresentação   7
PRESENTATION   *6*

Um rasante sobre o Brasil   11
A HEDGE-HOPPING OVER BRAZIL   *19*

Capítulo 1
CHAPTER 1
Cidades
CITIES
27

Capítulo 2
CHAPTER 2
O Brasil grande
THE BIG BRAZIL
83

Capítulo 3
CHAPTER 3
Rios e campos
RIVERS AND FIELDS
103

Capítulo 4
CHAPTER 4
Praias e natureza
BEACHES AND NATURE
149

Um rasante sobre o Brasil

POR MATTHEW SHIRTS

Desde a chegada dos primeiros europeus, em 1500, o Brasil é visto como exótico. Sua complexidade, tanto cultural como natural, é tamanha que inspira ensaios, especulações e dúvidas ainda hoje, dentro e fora do seu território. Ao certo, sabe-se pouco deste lugar. Os cientistas sociais, intérpretes populares, brasilianistas e outros especialistas perdem a batalha para explicá-lo diariamente. E isso desde sempre. O país é maior física, social e naturalmente do que a nossa capacidade de entendê-lo e se transforma com rapidez. Daí o interesse deste livro, que apresenta o país visto de cima, em um voo rasante.

O Brasil atraiu e continua a atrair imigrantes dos quatro cantos do planeta. Entre o fim do século XIX e a primeira metade do século XX, para cá vieram grupos numerosos de portugueses, italianos, alemães, mas também japoneses, libaneses, sírios, sem falar dos poloneses, ucranianos e outros do leste europeu. Antes, foram trazidos, à força, milhões de escravos africanos e, com eles, um conjunto abrangente de práticas e conhecimentos culturais daquele continente.

Não seria demais caracterizar o Brasil como o último grande destino do mundo, onde gente do planeta todo se encontra. Isso vale tanto para os povos hoje tidos como nativos, os primeiros a chegar, como para os que aportaram mais recentemente, vindos com a imigração. Essa ideia me seduz. Algumas das maiores migrações e imigrações na história da humanidade aqui acabam. A festa do fim da caminhada será brasileira?

No contexto da humanidade

A grande migração humana, responsável pelo povoamento do planeta, partiu da África 80 mil anos atrás e chegou ao que hoje se chama Brasil próximo do fim da jornada, uns 65 mil anos depois. O *Homo sapiens* saiu da África, subiu para a Europa e foi também em direção à Ásia. Atravessou do que é hoje a Rússia para o continente americano há uns 15 mil ou 20 mil anos. Desceu a costa do Pacífico e se espalhou pela América do Norte. Alguns indivíduos corajosos continuaram para a América do Sul, onde fizeram os impérios asteca, maia e inca. Não se sabe exatamente quando, nem precisamente por onde, mas outros seguiram em frente. Não pararam. Chegaram ao que é hoje o Brasil e se dividiram em tribos, que se espalharam sobretudo pela Amazônia e pela costa do Atlântico. A história da grande caminhada da humanidade pode ser contada dessa forma, pelo menos em pinceladas gerais.

O círculo migratório do homem se fecha com a descoberta da América pelos europeus. Oitenta mil anos depois de ter saído da África, o homem se reencontra com seus semelhantes. A chegada dos *vikings*, espanhóis e portugueses ao novo continente pode ser lida e entendida como uma reunião familiar das mais animadas e violentas. A partir desse momento, a vida nas Américas nunca mais seria a mesma. Sabe-se que havia gente no Brasil pelo menos 13 mil anos antes da chegada dos portugueses. No ano 1000, estima-se que viviam nas fronteiras do que viria a ser o nosso país 5 milhões de habitantes, a maior parte na região da Amazônia, no auge da ocupação indígena do país. Quando Pedro Álvares Cabral descobriu o Brasil para a coroa portuguesa, existiam por volta de 2 mil tribos.

População

Não seria nenhum exagero classificar o Brasil como um dos países com a maior diversidade do mundo, cultural e social. Aos índios "nativos" se misturaram grupos étnicos de todos os continentes e de países com costumes e história diversos. Há gente de toda parte, enfim. Essa mistura é um prelúdio da composição genética do mundo todo, especulam alguns. Daqui a algumas décadas, a população do mundo terá a mesma cara dos brasileiros. E a imigração continua. Não para de chegar gente. No momento, os grupos mais ativos são de coreanos, chineses, haitianos e bolivianos, mas há outros. O Brasil é grande. Parece ter lugar para todos. Em termos numéricos, a população vem parando de crescer, ou quase, no entanto, com uma queda na taxa de natalidade de cinco filhos por mulher em 1960 para menos de dois nos dias de hoje. As projeções apontam para uma relativa estabilização em torno de 200 milhões de habitantes nos próximos anos, em uma área equivalente à dos Estados Unidos sem o Alasca. Até 2050, a população não deve passar dos 240 milhões, sempre de acordo com a futurologia. Em termos de área, o Brasil ocupa quase metade América do Sul.

É interessante notar que as pressões sobre o território brasileiro não são demográficas. Apesar da imensa diversidade cultural e da imigração, o tamanho da população está sob controle. O crescimento demográfico parou de forma espontânea. Não houve nenhuma restrição oficial ou sequer uma campanha oficial, muito menos das igrejas católica ou protestante. Em uma reportagem da revista *National Geographic* publicada em outubro de 2011, a jornalista Cynthia Gourney, falando com especialistas, chega à conclusão de que essa queda surpreendente na taxa de natalidade, mais comum em países ricos, pode ser atribuída a um feminismo popular que gera trocas constantes de informações, ou seja, àquilo que se chama de capital ou inteligência social.

Essa diversidade cultural ganha uma dinâmica ainda mais interessante graças à ausência de um projeto ou narrativa nacional forte. O Brasil comporta diferenças ideológicas e religiosas grandes. Em termos políticos, há desde a extrema esquerda até uma direita enérgica. Descreve-se o país como católico, mas há aqui mais de 20 milhões de cristãos evangélicos, sem falar da influência de religiões de inspiração ou origem africana, como o candomblé, entre muitas outras de influência menor.

Essa confluência de fatores leva a uma convivência e uma tolerância social tipicamente brasileiras. Há tensões sociais, miséria, violência e confrontos fatais. Mas o que chama a atenção para quem olha de cima é o contrário disso. Surpreende no Brasil a capacidade de abrigar tamanha diversidade. Ao menos nos grandes centros urbanos, onde mora a maioria da população, encontram-se tipos sociais, sexualidades e religiões de todos os matizes.

Urbanização

A urbanização do Brasil é criticada há tempos. Desde pelo menos a década de 1930, com a publicação do ensaio clássico *Raízes do Brasil*, do historiador Sérgio Buarque de Holanda, as cidades coloniais do país são comparadas desfavoravelmente às do império espanhol. As cidades brasileiras são descritas como improvisadas e medievais na sua inspiração, diferentes daquelas construídas no subcontinente pela Espanha, claramente decorrentes, em sua planificação retilínea, prévia e geométrica, de uma visão renascentista e, portanto, elegante.

Essa oposição entre a ordem espanhola e o desleixo lusitano é controversa hoje. Os estudiosos tendem a ser mais generosos com a herança urbana portuguesa. Não há dúvida, no entanto, de que, tanto na América espanhola como na portuguesa (Brasil), as cidades, com poucas exceções, são fruto do absolutismo do processo de colonização ibérico. São desenhadas para concentrar o poder político e o conhecimento religioso e acadêmico. Isso lhes confere uma importância maior do que nos Estados Unidos, por exemplo, onde as conglomerações urbanas foram vistas com desconfiança, tidas pelos colonos puritanos como fontes de vícios pecaminosos.

As maiores aglomerações urbanas são concentradas nas capitais brasileiras. A população da cidade de São Paulo é de 11,3 milhões de habitantes, aproximadamente. O Rio de Janeiro tem 6,3 milhões. Salvador é a terceira maior capital do país, com 2,7 milhões. Porto Alegre, no Sul, reúne mais de 1,5 milhão, quase a mesma população de Recife no Estado nordestino de Pernambuco. Manaus, no Norte, no Estado do Amazonas, já se aproxima dos 2 milhões de habitantes. Na construção de Brasília, a partir da década de 1950, houve uma tentativa de corrigir alguns vícios da urbanização portuguesa, com o desenvolvimento de um traçado moderno e racional para a nova capital federal. Hoje, a cidade ostenta uma população igual à de Salvador. Belo Horizonte, capital do Estado de Minas Gerais, tem 2,5 milhões de habitantes.

Essa concentração do poder político, econômico e do conhecimento faz das capitais brasileiras o centro da vida do país. As cidades exercem uma atração forte no Brasil. A taxa de urbanização está entre as mais altas do mundo, sobretudo para um país do seu tamanho, e não para de crescer. Mais da metade da população já vivia nas cidades em 1970. Hoje, segundo dados da ONU, são mais de 84% no país como um todo e mais de 90% na Região Sudeste. As projeções indicam um crescimento ainda maior para a taxa de urbanização no país no futuro próximo. Ou seja, nove em dez brasileiros vivem hoje ou viverão nas cidades logo mais. As áreas urbanas crescem fora dos seus limites municipais. A Grande São Paulo tem praticamente o dobro da população da cidade propriamente dita. Chega a 20 milhões de habitantes. Quando se fala em macrometrópole, ou seja, num raio de 100 quilômetros ao redor da cidade, esse número sobe para 35 milhões. Equivale à população da Polônia e é três vezes e meia a de Portugal.

São Paulo confirma o caráter social da cultura no país. Não há dúvida de que a população brasileira busca uma convivência intensa. A interligação entre cidades vizinhas suas, como Atibaia, Jundiaí, Campinas, Santos e São José dos Campos, entre muitas outras, faz com que a concentração urbana cresça.

Biodiversidade

Quem consultar o site do Ministério do Meio Ambiente do Brasil vai se deparar com um paradoxo ou, no mínimo, uma ironia. Apesar de se destacar como o país de maior biodiversidade do planeta, a agricultura nacional é quase toda ela baseada em espécies oriundas de outros países e continentes.

O Brasil é o primeiro entre os 17 países megadiversos do planeta. Há mais espécies aqui do que em qualquer outra parte, muitas delas endêmicas. Vinte por cento das espécies de flora e fauna do mundo são encontradas no Brasil. Mas a pujante agroindústria do país, responsável por 40% do PIB e 31% das exportações, é quase toda baseada em espécies exóticas.

Os principais produtos da agricultura nacional vieram dos cantos mais remotos do planeta. O café é nativo do Egito; o cacau, do México; os bovinos foram importados da Índia; a laranja e a soja são da China; o trigo é de algum lugar na Ásia. A cana-de-açúcar foi trazida da Nova Guiné. Os equinos são asiáticos, também; os capins são africanos. A piscicultura brasileira é feita com carpas da China e tilápias da África Oriental. A apicultura utiliza variedades de abelhas provenientes da Europa e da África, informa o Ministério do Meio Ambiente.

No setor florestal não é diferente. Responsável por 4% do PIB brasileiro, a indústria de papel e celulose é baseada em eucaliptos da Austrália e pinheiros originários da América Central.

O que significa esse descompasso entre a biodiversidade local e a produção de alimentos e outros produtos naturais? De acordo com o Ministério do Meio Ambiente, existe uma necessidade urgente de mais estudos sobre a flora e a fauna nativas. A própria exuberância da natureza leva à mesma conclusão.

Ainda não se soube tirar proveito das espécies nativas do Brasil. Mas há exceções. Entre as espécies endêmicas exploradas comercialmente estão o abacaxi, o amendoim, a castanha-do-pará, a mandioca e o caju. O açaí, fruta nativa da região amazônica, vem ganhando uma popularidade espantosa no exterior. Na Califórnia e no Havaí, sobretudo, virou ingrediente de bebidas, comidas naturais e iogurtes da moda.

Os 8,5 milhões de quilômetros quadrados do Brasil ocupam quase metade da América do Sul. Existem aqui nove biomas distintos (ou sistemas biogeográficos) e diferentes zonas climáticas, também. O Norte é dominado pelo trópico úmido. Há áreas temperadas em boa parte do Sul. No Nordeste do país há o semiárido.

Entre os diversos biomas do país se encontram a Floresta Amazônica, que vem a ser a maior floresta tropical úmida do mundo, e o Pantanal, a maior planície inundável. Há ainda, a floresta tropical pluvial da Mata Atlântica, exuberante e densamente biodiversa. A costa do país, de 3,5 milhões de quilômetros quadrados, traz ecossistemas como corais, dunas, manguezais, lagoas, estuários e pântanos.

Não há dúvida de que um dos principais desafios nas próximas décadas será o de conciliar a produção agropecuária com a preservação da sua rica biodiversidade. Os dois prometem ser setores-chave à preservação da vida e do desenvolvimento no futuro próximo. O aumento da população mundial e o crescimento da classe média global exercerão fortes pressões tanto sobre a segurança alimentar como sobre a biodiversidade. Do Brasil será exigida uma posição de liderança nessas duas áreas.

Água

Doze mil rios escorrem pelo território brasileiro. Sessenta e oito por cento da matriz energética do país vem da água barrada em usinas hidrelétricas. Onze por cento de toda a água enviada ao mar pelos rios do planeta sai da Bacia Amazônica. É muito para um país que detém apenas 3% da população mundial.

O recurso mais valioso do Brasil é sua água, escrevi certa vez na revista *National Geographic Brasil*. "Somos a Árabia Saudita desse líquido preciso — que será uma fonte de prosperidade."

De fato, nada será mais precioso para o nosso país do que a água. O desafio maior será o de administrá-la com talento e racionalidade. Em tese, há água suficiente para gerar energia, produzir alimentos, beber, tomar banho e garantir a biodiversidade brasileira.

Em termos de hidroeletricidade, estima-se que apenas 32% do potencial nacional foi convertido em usinas. São 403 delas em pleno funcionamento e por volta de 300, de tamanhos diversos, em construção.

Um dos desafios do uso adequado das imensas reservas brasileiras é a sua distribuição geográfica. Elas não estão na mesma proporção em todas as regiões. Oitenta por cento da água concentra-se na Amazônia, onde vivem apenas 5% dos brasileiros. "Já no semiárido nordestino", escreve Flavio de Carvalho Serpa, também na revista *National Geographic Brasil*, "18 milhões de pessoas sobrevivem em uma zona tomada por um dos maiores índices de evaporação do mundo." São vítimas frequentes de secas.

Mas essa é a exceção. No Brasil, a regra é a abundância de águas. "As bacias hidrográficas, sobretudo a Amazônica e a do Paraná, criam cúpulas ou bolhas climáticas que direcionam a queda das chuvas a distâncias curtas. As massas florestais brasileiras formam um circuito fechado de águas, quase independente do padrão planetário de circulação", escreve Flavio de Carvalho Serpa.

O Brasil e o mundo

Talvez a maior qualidade do Brasil seja sua capacidade de ser tão diverso sem perder sua coesão. É um país novo e isolado, o último grande destino do homem, esquecido por boa parte do mundo até outro dia. Falo em termos metafóricos, claro. Mas não há dúvida de que a volta da democracia, em meados da década de 1980, e a globalização promovida pela internet conspiraram para levar o país para o mundo e vice-versa. Houve, a partir desse momento, um interesse crescente pelo Brasil. O resto do mundo começou a prestar mais atenção e vice-versa. Percebe-se que este não é um lugar de acesso fácil, em nenhum sentido. Não se entende o Brasil facilmente. Quase ninguém fala sua língua. Em termos culturais, é difícil compreender um lugar que lembra, por um lado, os Estados Unidos, mas não poderia ser mais diferente, verdade seja dita. Richard M. Morse, um dos principais estudiosos estrangeiros da cultura local, comparou o Brasil a um espelho dos Estados Unidos — que, como tal, apresenta uma imagem invertida.

O Brasil é intensamente urbano. Orgulha-se das suas cidades e todo mundo quer morar nelas, sobretudo em São Paulo e no Rio de Janeiro. Mas a economia é voltada para o campo, em boa parte. Este é o país da soja, da carne de boi, dos porcos e galinhas, do suco de laranja e do café, da cana-de-açúcar e do etanol. O rodeio é mais popular aqui do que nos Estados Unidos. Vá entender. O Brasil é pós-moderno, no entanto, com mais telefones celulares do que gente, mas selvagem ao mesmo tempo. Ainda existem no país tribos indígenas que nunca fizeram contato com os "brancos", por incrível que isso possa parecer a alguém de um lugar menos vasto ou mais desenvolvido. A geografia vai de centros intensamente urbanos para outros 100% isolados, enfim. Mas todos os cidadãos, independente de onde vivam no país, se sentem igualmente brasileiros.

Não é fácil identificar a essência da brasilidade para quem não é daqui. A identidade nacional passa pelo futebol, de alguma forma. Disso ninguém duvida. Passa pelas grandes festas populares de rua, sobretudo o carnaval. O catolicismo é presente, mas o protestantismo evangélico cresce com uma velocidade sem igual no mundo. Passa longe das festas oficiais. Quase ninguém festeja a independência sem ser obrigado a fazê-lo. A praia é brasileira. A música também. Costumo dizer que o brasileiro é festeiro, visual, boleiro e musical. E o Brasil é assim. Seus muitos ângulos, seus muitos olhares, sua diversidade incrivelmente maravilhosa.

A hedge-hopping over Brazil

BY MATTHEW SHIRTS

Since the arrival of the first Europeans in 1500, Brazil has been considered an exotic country. Its cultural and natural complexity is so vast that it continues to inspire essays, speculation and debates inside and outside its national boundaries. The only certainty is that little is known about this country. Social scientists, interpreters of popular culture, Brazilianists and other experts lose daily battles when trying to explain this phenomenon. And that is as true now as ever before. The country is physically, socially and naturally larger than our capacity to understand it, and it Is always rapidly changing. Consequently, the aim of this book is to present this country as seen from above — a low flyover of Brazil.

Brazil has attracted and still attracts immigrants from all corners of the world. From the end of the 19th century to the first half of the 20th century, groups of Portuguese, Italian, German, Japanese, Lebanese and Syrian immigrants came to Brazil, as well as Poles, Ukrainians and others groups from Eastern Europe. Before them, millions of African slaves were brought forcibly to Brazil, bringing a vast range of practices and knowledge with them from their native continent.

It would be safe to say that Brazil is the last great global destination, where people from all over the world converge. This is true not only for the citizens currently considered native, the first arrivals, but also for those who arrived more recently with the wave of immigration. This idea appeals to me. Some of the greatest migrations and immigrations in the history of mankind ended here. Could Brazil possibly be the party at the finishing line?

In the footsteps of mankind

The great human migration responsible for populating the planet started in Africa 80 thousand years ago and ended in present-day Brazil, almost 65 thousand years later. Homo sapiens left Africa and moved upwards to Europe and towards Asia. They crossed what today is known as Russia towards the American continent 15 to 20 thousand years ago, travelled down the Pacific coast and spread across North America. Some brave individuals headed towards South America where they built the Aztec, Maya and Inca empires. No one knows exactly when or how, but others continued on ahead. They did not stop until they reached present-day Brazil, where they divided into tribes and mostly scattered across the Amazon and the Atlantic Coast. The story of the great journey of mankind can be told in this manner, or at least the overall picture.

Man's migratory circle is concluded when the Europeans discovered America. Eighty thousand years after leaving Africa, man is reunited with his fellow men. The arrival of the Vikings, Spaniards and Portuguese to the new continent can be interpreted as one of the most eventful and violent family reunions in history. From then on, life in the Americas would never be the same. We know that there were people living in Brazil at least thirteen thousand years before the arrival of the Portuguese. In the year 1000, an estimated five million inhabitants lived along the borders of what would come to be known as our country, mostly in the Amazon region, during the peak of indigenous occupation, and there were close to two thousand tribes when Pedro Alvares Cabral discovered Brazil for the Portuguese crown.

Population

It would not be too much to say that Brazil is one of the most culturally and socially diverse countries in the world. Indigenous communities were joined by ethnic groups from every continent and country along with their distinct customs and history. There are, eventually, settlers from all over the world. Some claim that this mix is a prelude of the global genetic composition. In a few decades, the world population will have the face of Brazil. And immigration continues. People do not stop coming. Currently, the most active groups are Koreans, Chinese, Haitians, and Bolivians, but there are others. Brazil is huge. It seems to have room for everyone. In numbers, however, the population is slowly, or almost, grinding to a halt and the birth rate dropped to two children for every mother from five children in 1960. Estimates point to a relative stabilization at around 200 million inhabitants in the years to come in an area similar to the size of the United States, excluding Alaska. By 2050, the population will exceed 240 million according to futurologists. In terms of area, Brazil spans over approximately half of South America.

It is interesting to note that the pressures on Brazilian territory are not demographic. In spite of its immense cultural diversity and immigration, the size of the population is under control. Demographic growth stopped spontaneously without official restrictions or campaigns from the government or, much less, from Catholic or Protestant churches. In an article published in the National Geographic in October 2011, journalist Cynthia Gourney interviewed experts and concluded that this sudden fall in the birth rate, which is more common in developed countries, may be related to grass-root feminism that generates an ongoing exchange of information, that is, the so-called social capital or intelligence.

This cultural diversity is even more dynamic and interesting due to the lack of a strong national plan or discourse. Brazil harbors a population with significant ideological and religious differences. The political scene ranges from extreme left wing to a forceful right wing. Brazil is described as a Catholic country, but there are over 20 million Evangelists here, not to mention the influence of African religions, including "candomblé" and many other less influential religions.

This confluence of factors configures the conviviality and social tolerance that is typically Brazilian. There is social tension, extreme poverty, violence and fatal conflicts, but what attracts the attention of those who see Brazil from above is precisely the opposite. Brazil's ability to house such extreme diversity is surprising. Every large urban centre, where most people live, flaunts a vast range of social types, sexual identities and religions.

Urbanization

Urbanization in Brazil has long been criticized. Since the 1930s, when the classic essay Raízes do Brasil [Roots of Brazil] *by Sérgio Buarque de Holanda was published, the country's colonial cities have been unfavorably compared to those of the Spanish empire. Brazilian cities are described as improvised and medieval in their inspiration, different to those built by Spain in the subcontinent with their straight, pre-designed, geometric urban planning that is clearly the result of a Renaissance perspective and, therefore, elegant and refined.*

Today, this opposition between Spanish order and Portuguese neglect is controversial. Scholars are usually more generous with the Portuguese urban legacy, but there is no doubt that in both the Spanish America and Portuguese America (Brazil), these cities, with a few exceptions, are a result of the absolutism of the Iberian colonization process. They were designed to concentrate political power and religious and academic knowledge. This attributes to them more importance than in the United States, for instance, where the urban centers were viewed with suspicion and considered by the Puritan settlers as sources of sinful vices.

The largest urban centers are concentrated in the Brazilian capitals. The city of São Paulo alone has approximately 11.3 million inhabitants. Rio de Janeiro has 6.3 million and Salvador is the third largest capital in the country with 2.7 million people. Porto Alegre, in the southern region, has a population of over 1.5 million, virtually the same population as Recife, located in the northeastern state of Pernambuco. Manaus, in the North, located in the State of Amazonas, has around 2 million inhabitants. When Brasilia was built in the 1950s, there was an attempt to right some of the wrongs of Portuguese urbanization with the development of a modern and rational design for the new federal capital. Today the city has the same number of inhabitants as Salvador. Belo Horizonte, the capital of Minas Gerais, has 2.5 million inhabitants.

This concentration of political and economic power and knowledge make Brazil's capital cities the core of the country. Cities posses a powerful attraction in Brazil. The urbanization rate is one of the highest in the world, particularly for a country of this size, and it is increasing. By 1970, more than half of the country's population was already living in urban centers. According to the UN, today that percentage reaches 84%, with over 90% of inhabitants in the Southeast region. Estimates point to an even higher increase of the urbanization rate in the near future. That means that today nine out of ten Brazilians live or will soon live in a city. The urban areas continue to expand their local borders. The Greater São Paulo area has nearly doubled the population of the city itself, with almost 20 million inhabitants. When you talk about a macro metropolis, in other words, within a radius of 100 kilometers around the city, this number increases to 35 million, equivalent to the population of Poland and three and a half times the population of Portugal.

São Paulo proves to be the social face of the country's culture. There is no doubt that the Brazilian population seeks intense coexistence. The interconnection with its neighboring cities — Atibaia, Jundiaí, Campinas, Santos, and São José dos Campos, among many others — contributes to the intensification of this urban concentration.

Biodiversity

A web search of Brazil's Ministry of Environment will result in a paradox or, at least, irony. In spite of being recognized as the country with the highest biodiversity on the planet, most of the national agriculture is based on species from other countries and continents.

Brazil ranks first of the 17 mega-diverse countries in the world. There are more species here than in any other country, and many of them are endemic. Twenty per cent of the flora and fauna species on the planet are found in Brazil, but the vibrant agricultural industry of the country, responsible for 40% of the GNP and 31% of exports, is almost exclusively based on exotic species.

The main products of national agriculture come from the remotest parts of the planet. Coffee came from Egypt; cocoa from Mexico; cattle was imported from India; orange and soybean are from China; wheat is from Asia and sugarcane was brought from New Guinea. Horses are also Asian and the grass is African. Fish farms in Brazil comprise carp from China and tilapia from East Africa. Apiculture uses bee variants from Europe and Africa, according to the Ministry of Environment.

Forests are no different. Accounting for 4% of the Brazilian GNP, the pulp and paper industry is based on Eucalyptus trees from Australia and pine trees from Central America.

What does this mismatch between the local biodiversity and the production of food and other natural products mean? According to the Ministry of Environment, there is an urgent need for more studies on native flora and fauna in Brazil. The very exuberance of the natural environment leads to the same conclusion.

We still don't know how to fully benefit from Brazilian native species, but there are a few exceptions. Some of the endemic species exploited commercially include pineapple, peanut, Brazil nut, manioc and cashew nut. Açai, a native fruit from the Amazon region, is gaining significant popularity abroad, particularly in California and Hawaii where it became an ingredient in trendy beverages, natural foods and yogurt.

The 8.5 million square kilometers of Brazil cover approximately half of South America. This country has nine different biomes (or biogeographical systems) and climates zones. The North is dominated by humid tropics and there are temperate areas in large parts of the South. In the Northeast of the country, the climate is semiarid.

The many biomes of Brazil include the Amazon Forest, the largest humid tropical forest in the world, and the Pantanal, the largest wetland. There is also the Atlantic Forest, a tropical pluvial forest with exuberant and intense biodiversity. The country's 3.5 million square kilometers of coastline comprises ecosystems, such as coral reefs, dunes, mangroves, lagoons, estuaries and swamps.

One of the toughest challenges in the decades to come will undoubtedly be to balance large-scale agriculture and ranching with the preservation of this rich bio-diversity. Both promise to be key sectors for the preservation of life and for development in the near future. The increase of the world population and the growth of the global middle class will put a lot of pressure on food safety as well as biodiversity. Brazil will be forced to take the lead in both areas.

Water

Twelve thousand rivers cross the Brazilian territory. Sixty-eight per cent of the energy grid comes from water in hydroelectric plants. Eleven per cent of all the water sent to the sea by the world's rivers comes from the Amazon basin. This is a lot for a country that houses only 3% of the world's population.

Brazil's most valuable resource is its water, I once wrote in National Geographic Brasil, "We are the Saudi Arabia of this precious liquid — it will be a source of prosperity."

In fact, nothing will be more valuable to our country than its water. The toughest challenge will be to manage it with efficiency and rationality. Theoretically, there is enough water to generate energy, to produce food, to drink, to bathe and to ensure Brazilian biodiversity.

In terms of hydroelectricity, an estimated 32% of the national potential has been converted into power plants. Four hundred and three of them are fully operational and approximately 300, of different sizes, are under construction.

One of the challenges of the appropriate use of the immense Brazilian reserves is geographic distribution. It is not proportional throughout the regions. Eighty per cent of the water is concentrated in the Amazon, where only 5% of Brazilians live. "In the semiarid Northeast," writes Flavio de Carvalho Serpa, also from National Geographic Brasil, "18 million people survive in a zone with one of the highest evaporation levels in the world". Droughts produce frequent causalities.

But this is an exception. In Brazil, the rule is water in abundance. "Hydrographic basins, particularly the Amazon and Paraná, create climate domes or bubbles that direct the rain for short distances. The Brazilian forest forms a closed circuit of water sources that are almost independent from the planetary circulation patterns," writes Flavio de Carvalho Serpa.

Brazil and the world

Perhaps Brazil's best quality is its capacity to be so diverse without losing its cohesion. It is a new and isolated country, the last great destination of mankind, forgotten by most of the world until recently. I'm speaking metaphorically, of course. But there is no doubt that the return of democracy in the eighties and globalization promoted by the internet have conspired to introduce the country to the world, and vice-versa. From that moment on, there has been an increasing interest in Brazil. The rest of the world began to pay more attention and Brazil started to look out at the world. People realize this is not a place that is easily accessible in any way. Brazil is not easy to understand. Hardly anyone speaks its language.

In cultural terms, the truth is that it is difficult to understand a place that resembles the U.S., on the one hand, but is completely different on the other. Richard M. Morse, one of the top foreign experts of local culture, compared Brazil to a mirror of the United States — displaying its image inverted.

Brazil is intensely urban. It is proud of its cities and everybody wants to live in them, particularly in São Paulo and Rio de Janeiro. Strangely enough, the economy mostly focuses on the fields. This is the land of soybean, beef, pork and chicken, orange juice and coffee, sugarcane and ethanol. Rodeos are more popular here than in the United States. Go figure! Brazil is post-modern, with more mobile phones than people, but it is also simultaneously wild. In Brazil, there are indigenous tribes that have never been in contact with the "white man", however incredible that may sound to someone from a smaller and more developed country. The geography ranges from highly populated urban centers to locations that are 100% isolated. All citizens, however, regardless of where they live in the country, feel equally Brazilian.

It is not easy to identify the essence of Brazilianness to those who are not born here. National identity is, to some extent, based on soccer. There is no doubt about that. It is also about street festivities, particularly Carnival. Catholicism is present, but Evangelism is growing rapidly. It does not embrace official events. Almost nobody celebrates Independence Day unless they are forced to. The beach is Brazilian. And so is music. I usually say Brazilians are festive, visual, soccer lovers, and very musical. That is Brazil. In all its angles, multiple outlooks, and incredibly wonderful diversity.

Capítulo 1
CHAPTER 1

Cidades
CITIES

1   Catedral Metropolitana de Nossa Senhora Aparecida vista por entre prédios da Esplanada dos Ministérios. Projetada pelo arquiteto Oscar Niemeyer, foi o primeiro monumento a ser criado em Brasília, embora sua inauguração somente tenha ocorrido em 31 de maio de 1970. No conjunto da igreja destacam-se obras de importantes artistas brasileiros, como as esculturas dos anjos, de Alfredo Ceschiatti, com a colaboração de Dante Croce; o painel em lajotas cerâmicas pintadas por Athos Bulcão e a representação da via sacra, de Di Cavalcanti. Brasília (DF), 2005. Sérgio Lima/Folhapress

2   Avenida Rio Branco, altura da Praça Mauá, uma das principais vias do centro da cidade do Rio de Janeiro, na época em que completou 110 anos. Rio de Janeiro (RJ), 2004. Wilton Junior/AE

1   Catedral Metropolitana de Nossa Senhora Aparecida (Metropolitan Cathedral of Our Lady Aparecida) viewed between buildings of the Esplanada dos Ministérios (Esplanade of the Ministries). Designed by architect Oscar Niemeyer, it was the first monument created in Brasília, although it was only inaugurated on May 31, 1970. Many important masterpieces by Brazilian artists are displayed within the church compound, including the angel sculptures by Alfredo Ceschiatti, created in collaboration with Dante Croce, the panel of ceramic wall tiles painted by Athos Bulcão, and the representation of the Holy Road by Di Cavalcanti. Brasília (DF), 2005. Sérgio Lima/Folhapress

2   Avenida Rio Branco, near Praça Mauá, one of the main streets in the center of the city of Rio de Janeiro, around the time of its 110th Anniversary. Rio de Janeiro (RJ), 2004. Wilton Junior/AE

3 Centro de Recife, considerada a metrópole mais rica do Nordeste brasileiro. A cidade abriga sedes regionais e nacionais de instituições e empresas públicas e privadas, como o Comando Militar do Nordeste, a Sudene, a Eletrobras/Chesf e a Superintendência Regional Nordeste da Infraero, entre outras. De acordo com o IBGE, o Grande Recife é classificado como metrópole regional e inclui, além da capital pernambucana, mais 13 cidades, concentrando 65% do produto interno bruto estadual. Recife (PE), s/d. Eduardo Queiroga – Lumiar/Getty Images

4 Condomínio residencial em São Paulo. São Paulo (SP), s/d. Superstudio/Getty Images

3 *Downtown Recife, considered the richest metropolis of the northeastern region of Brazil. The city is home to regional and federal government agencies and public and private organizations, such as the* Comando Militar do Nordeste *(Northeastern Military Command),* SUDENE, Eletrobras/Chesf, *and the* Superintendência Regional Nordeste da Infraero *(Infraero Northeastern Regional Superintendence), among others. According to the Brazilian Institute of Geography and Statistics (IBGE), the Greater Recife area is classified as a regional metropolis. The area comprises the capital of Pernambuco and another 13 cities, concentrating 65% of the state GDP. Recife (PE), n/d. Eduardo Queiroga — Lumiar/Getty Images*

4 *Residential gated community in São Paulo. São Paulo (SP), n/d. Superstudio/Getty Images*

5   Pontes 12 de Setembro, conhecida como Ponte Giratória, Buarque de Macedo e Maurício de Nassau, sob o Rio Capibaribe. Ao lado, parte do Porto do Recife e da Praia del Chifre. Recife (PE), 2008. Alexandre Severo/AE

5   *View of the 12 de Setembro bridges, also known as the Rotary, Buarque de Macedo and Maurício de Nassau bridges, over Capibaribe River. On the right, a section of the Port of Recife and Praia del Chifre. Recife (PE), 2008. Alexandre Severo/AE*

6   Casas coloridas em Olinda. A cidade é uma das mais bem preservadas do Brasil e foi a segunda cidade brasileira a ser declarada Patrimônio Histórico e Cultural da Humanidade pela Organização das Nações Unidas para a Educação, a Ciência e a Cultura, em 1982, após Ouro Preto. Sua ocupação data de 1535. Olinda (PE), s/d. Cássio Vasconcellos/Getty Images

7   Pessoas transitam pelo calçadão da Alameda Barão de Itapetininga, situada no centro de São Paulo. São Paulo (SP), 2005. Daniela Carrasco/Folhapress

6   *Colorful houses in Olinda, one of the best-preserved cities in Brazil. In 1982, it was the second city to be declared a Historical and Cultural Heritage of Humanity Site by UNESCO, after Ouro Preto. The city was occupied in 1535. Olinda (PE), n/d. Cássio Vasconcellos/Getty Images*

7   *People strolling along the Alameda Barão de Itapetininga, a promenade located in the center of São Paulo. São Paulo (SP), 2005. Daniela Carrasco/Folhapress*

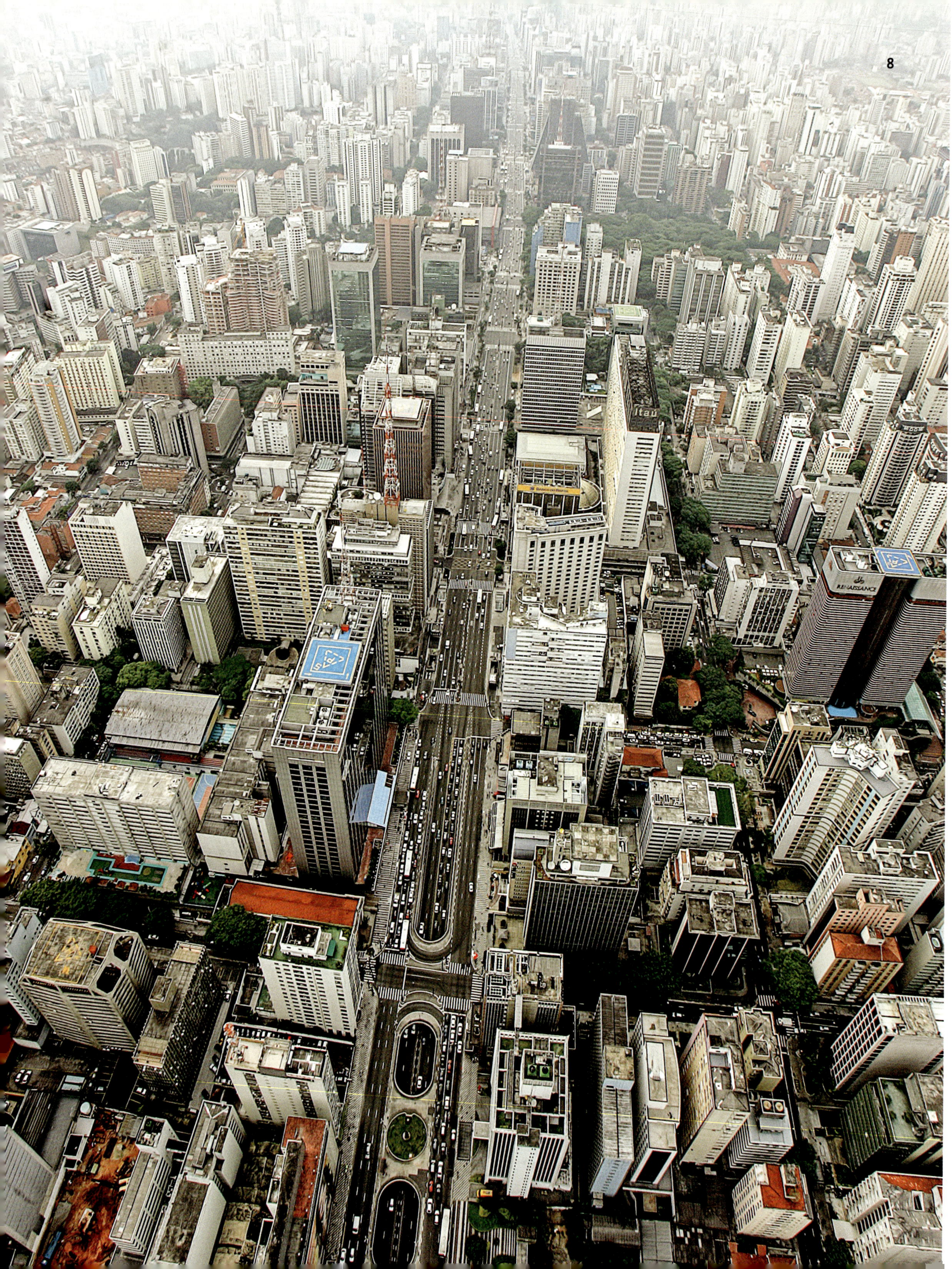
Itaú
RENAISSANCE

8   Avenida Paulista, em São Paulo. Uma das mais importantes do município, está localizada no limite entre as zonas centro-sul, central e oeste; e em uma das regiões mais elevadas da cidade, chamada de Espigão da Paulista. Considerada um dos principais centros financeiros da cidade, revela sua importância não só como polo econômico, mas também como ponto central da vida cultural e de entretenimento na cidade. A avenida, de mais de 120 anos, é também um importante eixo viário da cidade, ligando outras importantes avenidas, como a Dr. Arnaldo, a Rebouças, a 9 de Julho, a Brigadeiro Luís Antônio, a 23 de Maio, a Rua da Consolação e a Avenida Angélica. São Paulo (SP), 2006. Eduardo Nicolau/AE

9   Praia de Copacabana. Rio de Janeiro (RJ), s/d. Cássio Vasconcellos/SambaPhoto

8   *Avenida Paulista, in São Paulo. The Paulista is one of the most important avenues in the municipality. It is located within the limits of the south-central, central and western areas of São Paulo, and sits on the highest point of the city, called Espigão da Paulista. It is considered one of the main financial hubs and economic poles of São Paulo, and the city´s centre of entertainment and cultural life. Avenida Paulista, which recently completed its 120th anniversary, is the main intersection of other important avenues, such as Dr. Arnaldo, Rebouças, 9 de Julho, Brigadeiro Luis Antônio, 23 de Maio, rua da Consolação, and Avenida Angélica. São Paulo (SP), 2006. Eduardo Nicolau/AE*

9   *Copacabana beach. Rio de Janeiro (RJ), n/d. Cássio Vasconcellos/SambaPhoto*

10   Centro histórico da cidade de Paraty, no sul do Estado do Rio de Janeiro, que durante o período colonial brasileiro (1530-1815) foi sede do mais importante porto exportador de ouro do Brasil. Paraty (RJ), 2006. Marcos de Paula/AE

10   *Historical center of Paraty, a city in the southeast of the state of Rio de Janeiro. During the Brazilian colonial period (1530-1815), Paraty served as a port for gold exports. Paraty (RJ), 2006. Marcos de Paula/AE*

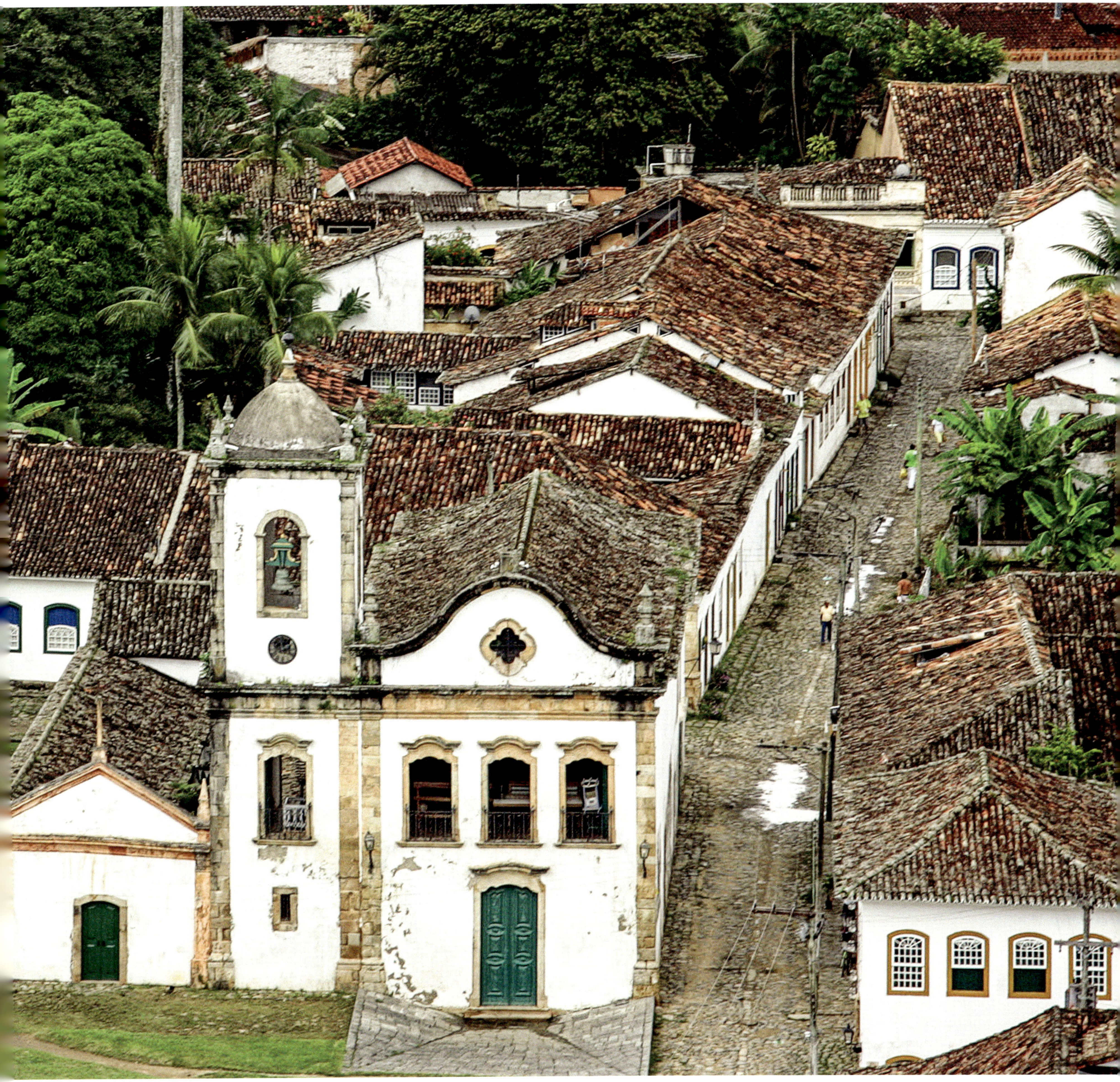

11	Igreja de Nossa Senhora da Candelária, um dos principais monumentos religiosos da cidade do Rio de Janeiro. A história semilendária sobre a origem da igreja conta que, nos princípios do século XVII, uma tempestade quase teria feito naufragar um navio chamado "Candelária", no qual viajavam os espanhóis Antônio Martins Palma e Leonor Gonçalves. O casal teria feito a promessa de edificar uma ermida dedicada a Nossa Senhora da Candelária se escapasse com vida. A nau, finalmente, teria aportado no Rio de Janeiro e o casal teria mandado construir uma pequena ermida no local da atual igreja, em 1609. Rio de Janeiro (RJ), 2010. Felipe O'Neill/AE

12	Igreja de São Francisco de Assis, cuja construção teve início em 1766, com projeto arquitetônico de Antônio Francisco Lisboa, o Aleijadinho, e pinturas de Manuel da Costa Ataíde. Ouro Preto (MG), s/d. Anísio Magalhães/SambaPhoto

*11	Igreja de Nossa Senhora da Candelária (Our Lady of Candelária Church) is one of the main religious monuments of the city of Rio de Janeiro. According to the quasi-legendary story on the origin of the church, at the start of the 17th century, a ship called Candelária carrying the Spanish couple, Antônio Martins Palma and Leonor Gonçalves, almost sank during a storm at sea. The couple swore they would erect a small chapel dedicated to Our Lady of Candelária if they should survive the storm. When the ship finally moored in Rio de Janeiro, the couple immediately ordered the construction of a small chapel where the church currently stands, in 1609. Rio de Janeiro (RJ), 2010. Felipe O'Neill/AE*

*12	Igreja de São Francisco de Assis (Saint Francis of Assis Church). Construction of this church started in 1766 based on the architectural project of Antônio Francisco Lisboa, called Aleijadinho, and paintings by Manuel da Costa Ataíde. Ouro Preto (MG), n/d. Anísio Magalhães/SambaPhoto*

12

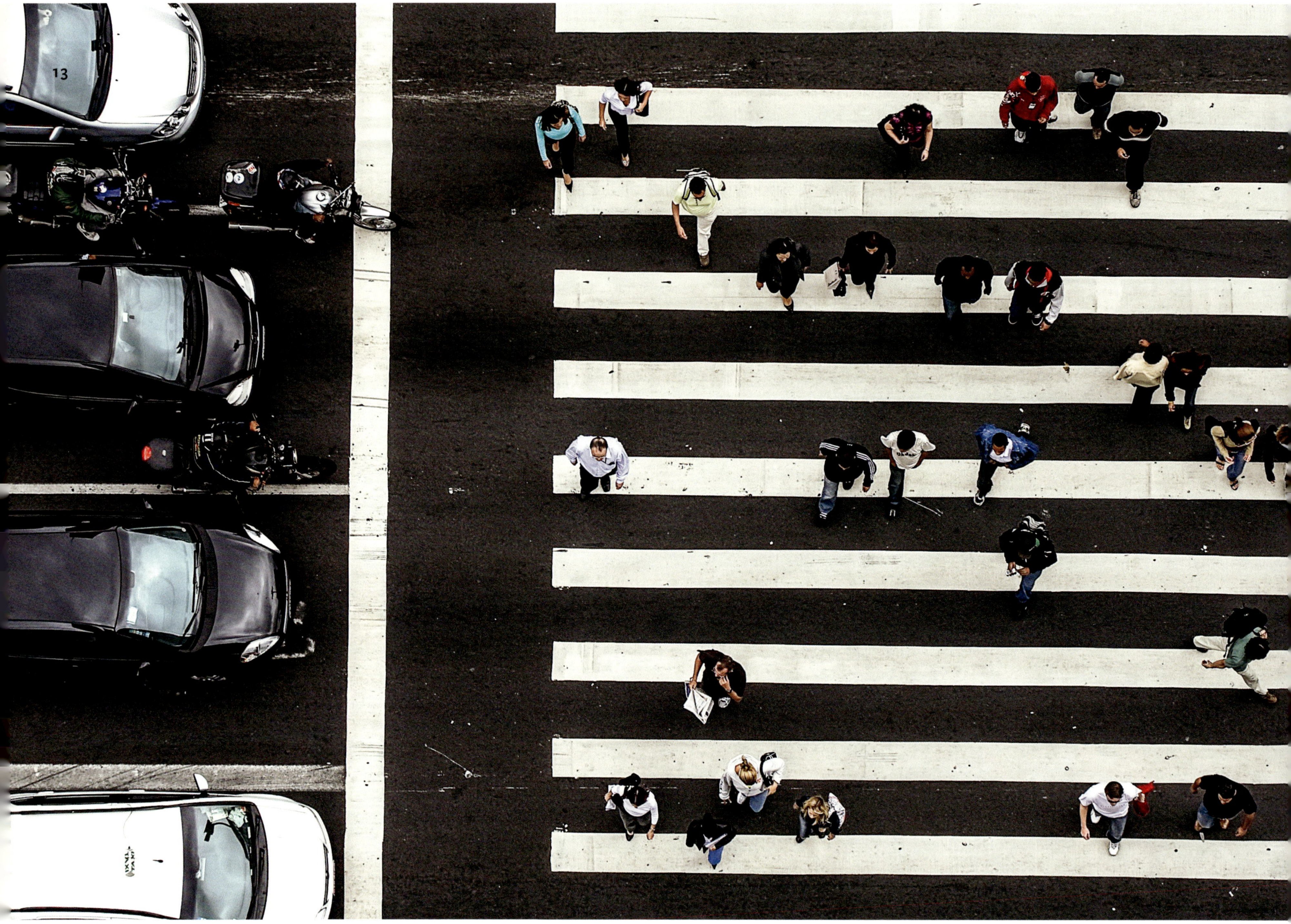
13

13 Pedestres caminham na Avenida Paulista. São Paulo (SP), 2009. Danilo Verpa/Folhapress

14 Aqueduto da Carioca, popularmente conhecido como os Arcos da Lapa, no Rio de Janeiro. Considerada como a obra arquitetônica de maior porte empreendida no Brasil durante o período colonial, é hoje um dos cartões-postais da cidade, símbolo mais representativo do Rio Antigo preservado na região boêmia da Lapa. Rio de Janeiro (RJ), 1999. Cássio Vasconcellos/SambaPhoto

13 *Pedestrians crossing Avenida Paulista. São Paulo (SP), 2009. Danilo Verpa/Folhapress*

14 *Carioca Aqueduto (Carioca Aqueduct), popularly known as Arcos da Lapa (Lapa Arches), in Rio de Janeiro. It is considered the biggest architectural work built in Brazil during the Colonial period. Today, it is one of the city´s landmarks and the most representative symbol of Old Rio preserved in the bohemian Lapa region. Rio de Janeiro (RJ), 1999. Cássio Vasconcellos/SambaPhoto*

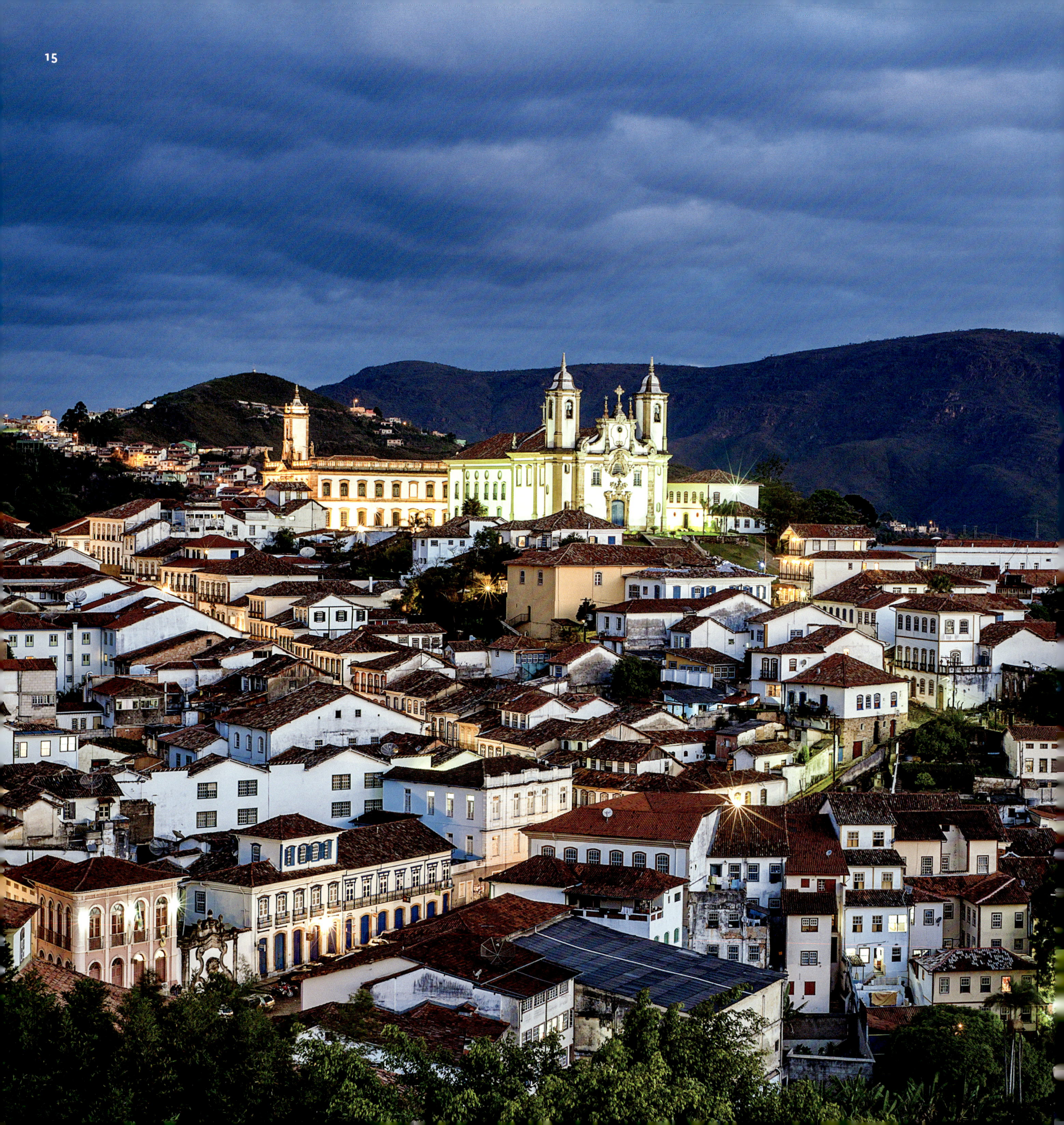

15 Cidade de Ouro Preto, em Minas Gerais, com destaque para a vista da Igreja de Nossa Senhora do Carmo. Listada como Patrimônio Histórico da Humanidade, pela Unesco, abriga importantes indústrias metalúrgicas e de mineração. Suas principais atividades econômicas atuais são o turismo, a indústria de transformação e as reservas minerais do seu subsolo, tais como ferro, bauxita, manganês, talco e mármore, além de ouro, hematita, dolomita, turmalina, pirita, muscovita, topázio e topázio imperial, este último apenas encontrado em Ouro Preto. Ouro Preto (MG), s/d. Franck Guiziou – Hemis.FR/Getty Images

15 *City of Ouro Preto, in Minas Gerais, with a privileged view of Igreja de Nossa Senhora do Carmo (Our Lady of Carmo Church). Ouro Preto is listed as a World Heritage Site by UNESCO and is home to many mining and metallurgical industries. Its main economic activities are tourism, transformation industries and the exploitation of its abundant mineral resources such as iron, bauxite, manganese, talc, marble, gold, hematite, dolomite, tourmaline, pyrite, muscovite, topaz and imperial topaz. Imperial topaz is a stone that is only found in Ouro Preto. Ouro Preto (MG), n/d. Franck Guiziou — Hemis. FR/Getty Images*

16   Casas e plantações na cidade de Bebedouro, interior de São Paulo. O município detém um dos mais altos índices de desenvolvimento do Brasil (IDH), apresentando alta renda *per capita* devido principalmente ao seu parque industrial, no qual se destacam indústrias de suco de laranja, de óleos vegetais, de fertilizantes, carrocerias e confecções. Com atuação destacada na citricultura, sobretudo nas décadas de 1970 e 1980, a cidade tornou-se conhecida internacionalmente como a "Califórnia Brasileira". Bebedouro (SP), s/d. Carolia/Getty Images

17   Vista da orla de Vitória e das Ilhas do Frade (à esquerda) e do Boi. Capital do Estado do Espírito Santo, Vitória é uma ilha de tipo fluviomarinho, cercada pela Baía de Vitória. Além da ilha principal, fazem parte do município outras 34 ilhas e uma porção continental, perfazendo um total de 93,381 km². A cidade possui, entre as capitais do Brasil, o quarto melhor índice de desenvolvimento humano (depois de Florianópolis, Porto Alegre e Curitiba) e o maior produto interno bruto *per capita*. Vitória (ES), 2007. Samuel Vieira/Folhapress

16   Houses and crops in the city of Bebedouro, in the interior of São Paulo. The municipality flaunts one of the highest human development indexes (IDH) in Brazil and high income per capita mainly due to its industrial park that mainly produces orange juice, vegetable oils, fertilizer, truck frames and clothes. Its core industry is citrus culture, especially during the 1970s and 1980s, and consequently became internationally known as the "Brazilian California ". Bebedouro (SP), n/d. Carolia/Getty Images

17   View of the Vitória beachfront and the Frade (left) and Boi islands. Vitória, the capital city of the state of Espírito Santo, is a fluvial and sea island surrounded by the Baía de Vitória (Vitória Bay). In addition to the main island, this municipality of 93,381 km² comprises another 34 islands and a continental portion. Among the capital cities of Brazil, Vitória has the fourth best human development index (after Florianópolis, Porto Alegre, and Curitiba) and the highest GDP per capita. Vitória (ES), 2007. Samuel Vieira/Folhapress

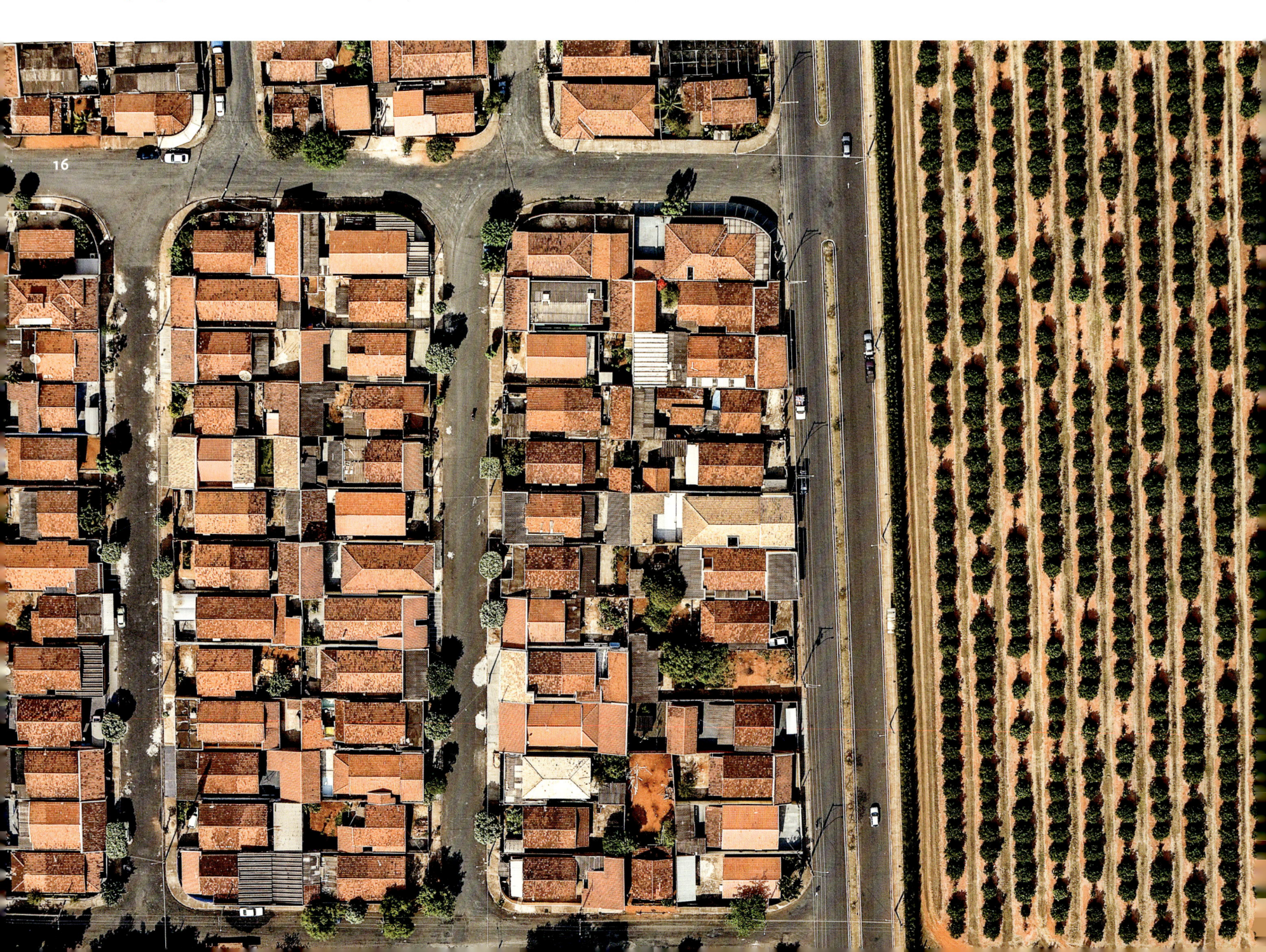

17

18 Praça da Liberdade. Belo Horizonte (MG), s/d. Paulo Fridman/SambaPhoto

19 Monumento às Bandeiras, localizado em São Paulo. A escultura, em granito, com 50 metros de comprimento e 16 de altura, foi inaugurada em 1953, para as comemorações do IV Centenário de fundação da cidade, no ano seguinte. A obra representa os bandeirantes, expondo suas diversas etnias e o esforço para desbravar o país. Além de portugueses (barbados), vemos na obra negros, mamelucos e índios (com a cruz no pescoço), puxando a canoa das monções (utilizada nas expedições fluviais). São Paulo (SP), 2006. Eduardo Nicolau/AE

18 *Praça da Liberdade (Liberty Square). Belo Horizonte (MG), n/d. Paulo Fridman/SambaPhoto*

19 *Monument to the Bandeiras, in São Paulo. This granite sculpture, which measures 50cm in length and 1 meter in height, was inaugurated in 1953 to celebrate the 400th anniversary of São Paulo that occurred the following year. It was built to honor the Bandeirantes (pioneers) and displays their different ethnicities and efforts to explore the country. The sculpture shows the Portuguese (the bearded men), black men, mamelucos (mixed-race European and indigenous) and native indians (with crosses around their necks), pulling the canoe of the monsoons (used in fluvial expeditions). São Paulo (SP), 2006. Eduardo Nicolau/AE*

19

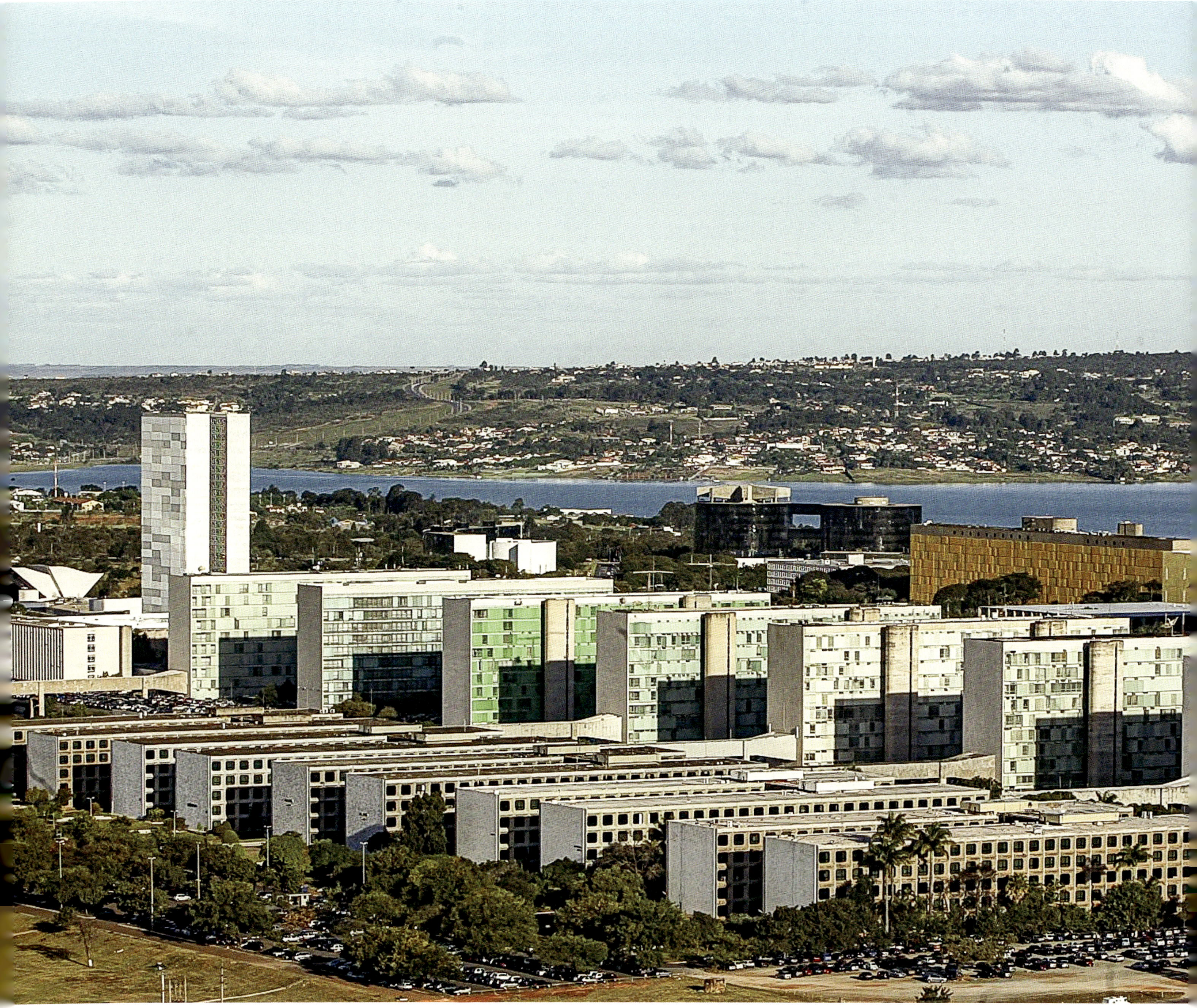

20 Esplanada dos Ministérios e Congresso Nacional. Brasília (DF), 2005. Sérgio Lima/Folhapress

20 *Esplanada dos Ministérios (Esplanade of the Ministries) and Congresso Nacional (National Congress). Brasília (DF), 2005. Sérgio Lima/Folhapress*

21

21 Condomínio de Alphaville, em Barueri, cidade da Grande São Paulo. Barueri (SP), 1998. Greg Salibian/Folhapress

22 Boa Vista, capital de Roraima. Trata-se do município mais populoso do Estado, concentrando cerca de dois terços da população. Situa-se na margem direita do Rio Branco e é a única capital brasileira localizada totalmente ao norte da linha do Equador. Destaca-se entre as capitais da Amazônia pelo traçado urbano organizado de forma radial, planejado no período entre 1944 e 1946 pelo engenheiro civil Darcy Aleixo Derenusson, lembrando um leque, em alusão às ruas de Paris, na França. Boa Vista (RR), 2008. Ricardo Honorato/Folhapress

21 *The gated community of Alphaville, in Barueri, a city of Greater São Paulo. Barueri (SP), 1998. Greg Salibian/Folhapress*

22 *Boa Vista, capital of Roraima. It is the most populous municipality of the state and home to approximately two thirds of the state population. Situated on the western bank of the Branco River, it is the only Brazilian capital that is entirely north of the equator. It stands out from other capital cities of the Amazon region because of its radial urban design, planned between 1944 and 1946 by the civil engineer Darcy Aleixo Derenusson, that resembles a fan and is similar to the layout of the streets of Paris, France. Boa Vista (RR), 2008. Ricardo Honorato/Folhapress*

23

23 Mirante da cidade de Piranhas (AL). O município é reconhecido como patrimônio histórico nacional pelo Instituto do Patrimônio Histórico e Artístico Nacional (Iphan). A cidade é banhada pelo Rio São Francisco e sua economia depende do turismo e dos *royalties*, provenientes da Companhia Hidro Elétrica do São Francisco (Chesf). Piranhas (AL), s/d. Fernando Bueno/Getty Images

24 Ouro Preto. Ouro Preto (MG), s/d. Franck Guiziou – Hemis.FR/Getty Images

23 Observatory deck in the city of Piranhas, Alagoas. The town is listed as a National Historical Heritage Site by IPHAN (Instituto do Patrimônio Histórico e Artístico Nacional — National Historic and Artistic Heritage Institute). The town is bathed by the São Francisco river and its economy depends on tourism and royalties from Chesf (Companhia Hidro-Elétrica do São Francisco — São Francisco Hydroelectric Company). Piranhas (AL), n/d. Fernando Bueno/Getty Images

24 Ouro Preto. Ouro Preto (MG), n/d. Franck Guiziou — Hemis.FR/Getty Images

25

25 Praia de Mongaguá. À esquerda, a Rodovia Padre Manoel da Nóbrega. A cidade integra a Região Metropolitana da Baixada Santista e sua população, segundo o censo de 2010, era de pouco mais de 46 mil habitantes. É também um dos 15 municípios paulistas considerados estâncias balneárias pelo Estado de São Paulo. O nome da cidade origina-se da denominação dada pelos indígenas que viviam na região: Mongaguá, em tupi, significa "águas pegajosas". Mongaguá (SP), 2008. Rubens Chaves/Folhapress

26 Ponte Estaiada Octavio Frias de Oliveira. Faz parte do Complexo Viário Real Parque e é formada por duas pistas estaiadas em curvas independentes, de 60 graus, que cruzam o Rio Pinheiros, no bairro do Brooklin, em São Paulo. É a única ponte estaiada do mundo com duas pistas em curva conectadas a um mesmo mastro. Foi inaugurada em 10 de maio de 2008, após três anos de construção, e representa um dos mais famosos cartões-postais da cidade. São Paulo (SP), 2008. Antônio Milena/AE

25 Praia de Mongaguá (Mongaguá Beach). On the right, Padre Manoel da Nóbrega road. The town is part of the metropolitan region of Baixada Santista and its population, according to the 2010 census, is just over 46 thousand inhabitants. It is also one of the 15 municipalities in São Paulo that is considered a seaside destination by the Estado de São Paulo newspaper. The name of city comes from the Tupi word, Mongaguá, meaning "Sticky Waters". Mongaguá (SP), 2008. Rubens Chaves/Folhapress

26 Octávio Frias de Oliveira Cable-Stayed Bridge. It is part of the Complexo Viário Real Parque (Royal Park Road Network) and comprises two cable-stayed lanes, with independent 60º curves, that cross the Pinheiros river in the Brooklin neighborhood of São Paulo. It is the only bridge in the world with two curved lanes supported by a single concrete mast. It was inaugurated on May 10, 2008, after three years of construction, and is considered one of the most famous landmarks of the city. São Paulo (SP), 2008. Antônio Milena/AE

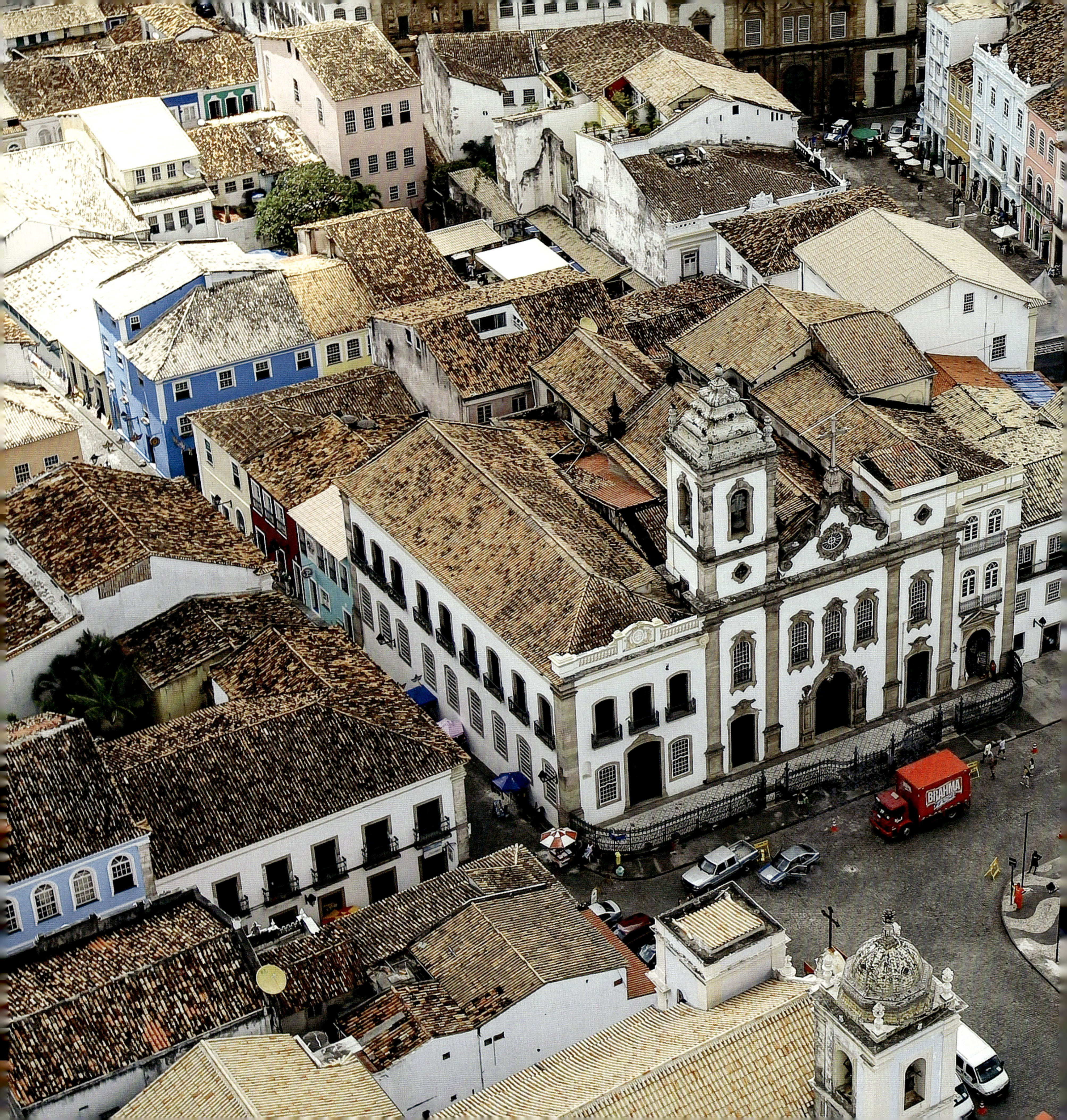
BRAHMA

27

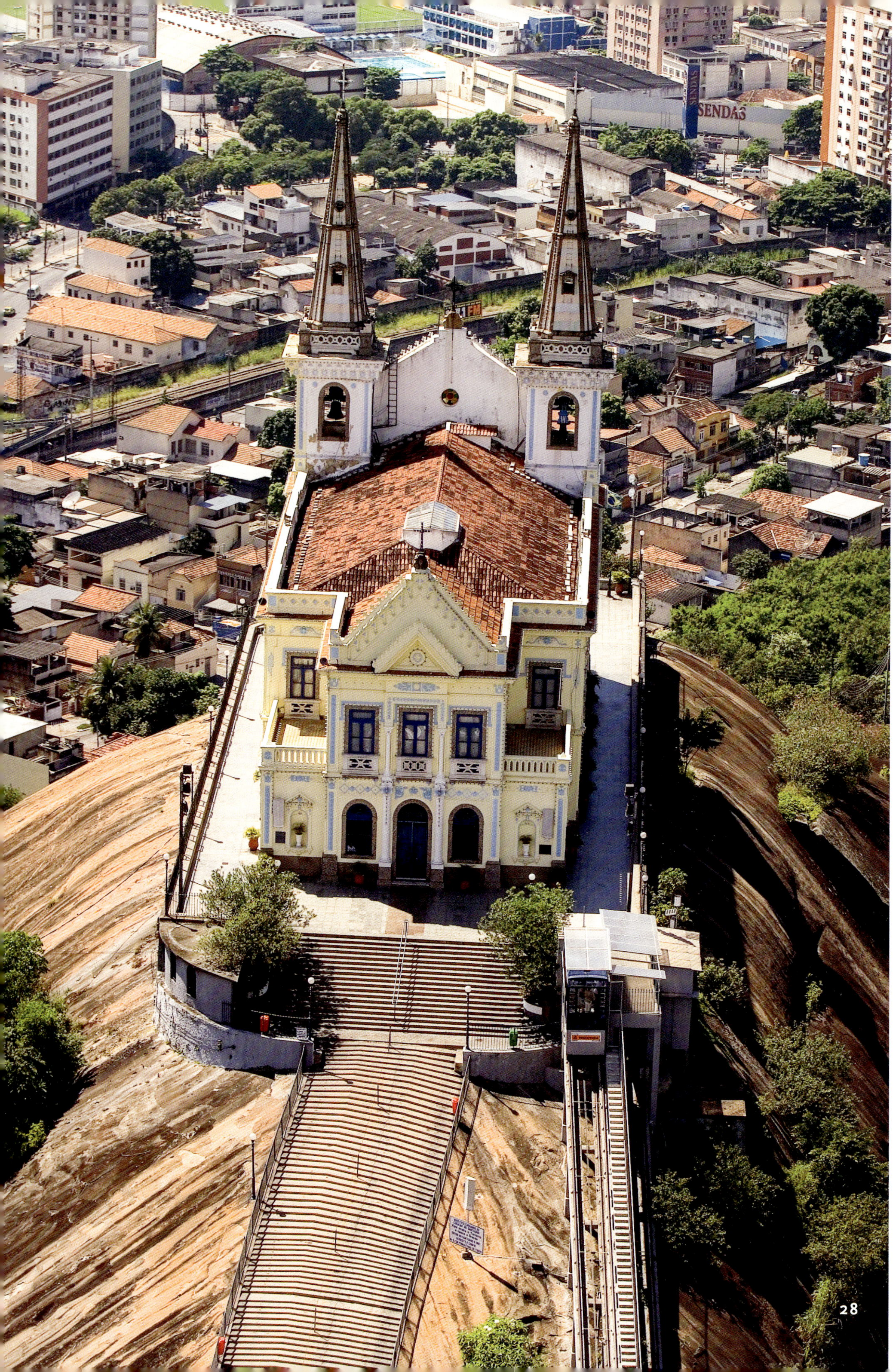
SENDAS

	27	Vista do Pelourinho, no centro histórico de Salvador, bairro que possui um conjunto arquitetônico colonial barroco português preservado e integrante do Patrimônio Histórico da Unesco. A palavra pelourinho se refere a uma coluna de pedra, localizada normalmente no centro de uma praça, onde criminosos eram expostos e castigados. No Brasil Colônia, era principalmente usado para castigar escravos. A história do bairro está bastante ligada à história da cidade, fundada em 1549 por Tomé de Sousa, primeiro governador-geral do Brasil. Salvador (BA), 2008. Moacyr Lopes Junior/Folhapress	28	Igreja de Nossa Senhora da Penha de França, conhecida apenas como Igreja da Penha, tradicional santuário católico localizado na cidade do Rio de Janeiro. Erguida no alto de uma pedra, é famosa pelos 382 degraus da sua escadaria principal. A primeira capela em homenagem à santa foi construída pelo Capitão Baltazar de Abreu Cardoso, por volta de 1635, Rio de Janeiro (SP), s/d. Cássio Vasconcellos/SambaPhoto	29	Centro comercial de Belém, com destaque para a vista do Mercado Ver-o-Peso. Inicialmente conhecido como Mercado de Ferro, começou a ser construído em 1899. Toda sua estrutura foi trazida da Europa. Inaugurado em 1901, é um dos mercados públicos mais antigos do Brasil e considerado a maior feira ao ar livre da América Latina. Belém (PA), 2005. Flavya Mutran/Folhapress
	27	*View of Pelourinho in the historical neighborhood of Salvador. This neighborhood, which was the city centre during the colonial period, flaunts preserved baroque Portuguese colonial architecture and is a UNESCO Historical Heritage Site. The word pelourinho means pillory, usually located in the centre of a square to display and punish criminals. In Colonial Brazil, it was mostly used to punish slaves. The history of the neighborhood is closely linked to the history of the city, founded in 1549 by Tomé de Sousa, the first Brazilian governor general. Salvador (BA), 2008. Moacyr Lopes Junior/Folhapress*	28	*Igreja de Nossa Senhora da Penha de França (Our Lady of Penha de France Church), simply known as Igreja da Penha (Penha Church), is a traditional Catholic sanctuary located in the city of Rio de Janeiro. It was built on a giant stone and is famous for the 382 steps of its central staircase. This first chapel in honor of the saint was built by Captain Baltazar de Abreu Cardoso in around 1635. Rio de Janeiro (SP), n/d. Cássio Vasconcellos/SambaPhoto*	29	*Commercial downtown Belém with a view of Mercado Ver-o-Peso (Weigh-In Market). Construction of this market started in 1899 and it was initially known as the Mercado de Ferro (Iron Market). Its entire structure was shipped to Brazil from Europe and it was eventually inaugurated in 1901. It is one of the oldest public markets in the country and considered the largest outdoor market in Latin America. Belém (PA), 2005. Flávya Mutran/Folhapress*

30 Porto de Paranaguá, quarto maior porto do mundo e o maior porto graneleiro da América Latina. Exporta e importa grãos, fertilizantes, contêineres, líquidos, automóveis, madeira, papel, sal, açúcar, entre outros. A maioria dos navios que recebe é oriunda de países como os Estados Unidos, a China, o Japão e a Coreia do Sul. Paranaguá (PR), 2004. Jonathan Campos/AE

30 *Porto de Paranaguá (Port of Paranaguá), the fourth largest port in the world and the largest grain port in Latin America. It is used to export and import grains, fertilizers, containers, liquids, automobiles, wood, paper, salt and sugar, among other goods. Most of the ships that moor at this port are from countries such as the United States, China, Japan and South Korea. Paranaguá (PR), 2004. Jonathan Campos/AE*

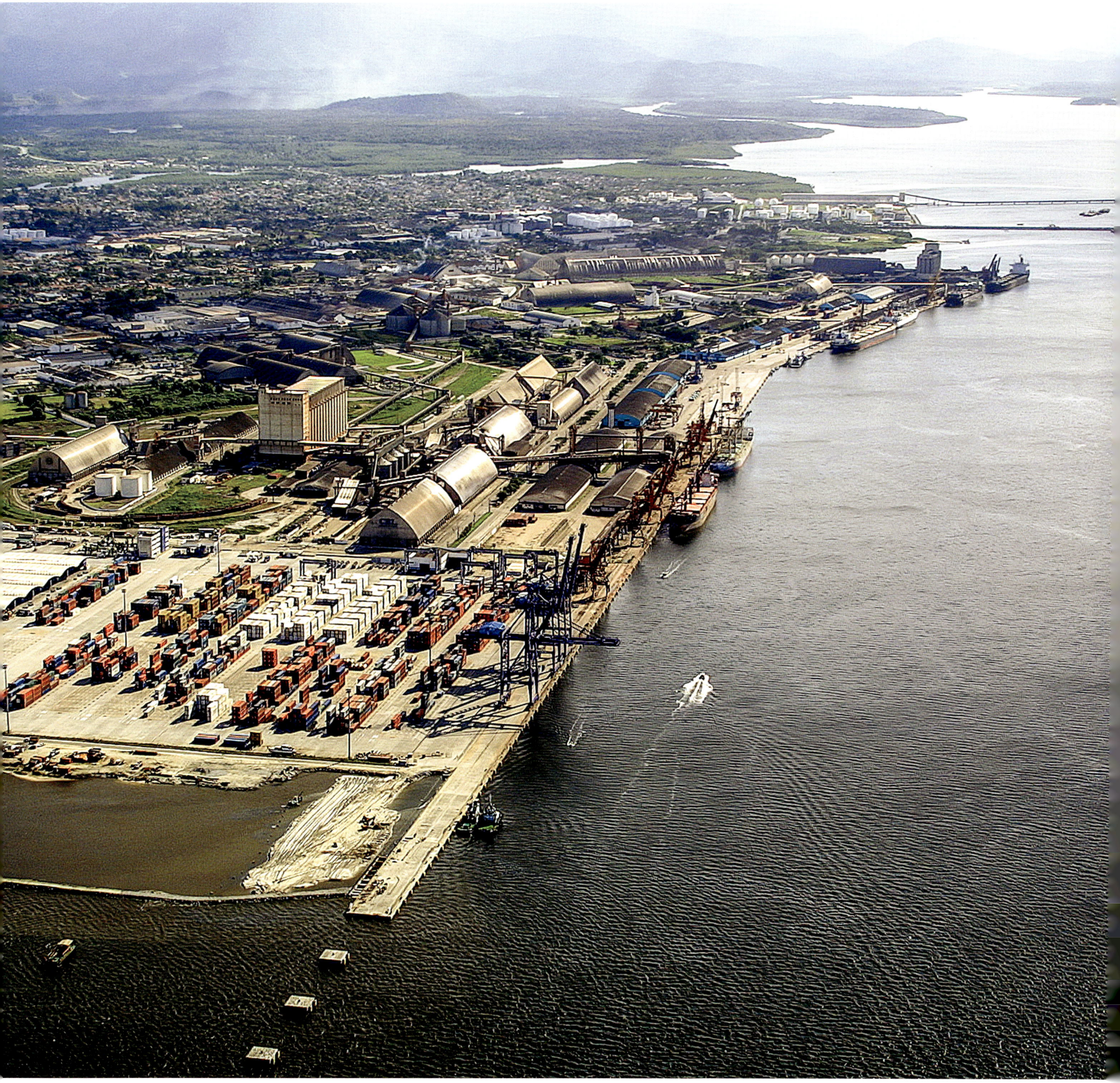

31 Teatro Amazonas, localizado na Praça São Sebastião, no centro da cidade de Manaus, capital do Amazonas. Foi inaugurado em 1896 e é a expressão mais significativa da riqueza da região durante o Ciclo da Borracha, que viveu seu auge entre os anos de 1879 e 1912, tendo depois conhecido nova fase de importância entre 1942 e 1945, durante a II Guerra Mundial. Manaus (AM), s/d. Kevin Moloney/Getty Images

31 *Teatro Amazonas (Amazonas Theatre) in São Sebastião Square, in downtown Manaus, capital city of Amazonas. It was inaugurated in 1896 and is considered the most significant expression of the wealth of the region during the Rubber Cycle that reached its peak from 1879 to 1912. Its second significant phase was between 1942 and 1945, during World War II. Manaus (AM), n/d. Kevin Moloney/Getty Images*

32 Marginal do Tietê, em São Paulo. A história da criação desse sistema viário começou por volta dos anos de 1920, quando o sanitarista Saturnino de Brito apresentou ao então prefeito da cidade, Pires do Rio, um projeto de retificação do Rio Tietê, que era bastante tortuoso. O projeto previa um piscinão nas margens, para evitar enchentes, e a construção de avenidas marginais. Foi abandonado por ser considerado ousado demais para aqueles tempos. Pouco mais de 30 anos depois, a Marginal do Tietê começou a ser construída e suas obras, numa extensão aproximada de 2,5 quilômetros, compreendidos entre a Ponte das Bandeiras e a Ponte do Limão, foram entregues em 1956. São Paulo (SP), 2012. Eduardo Knapp/Folhapress

32 *Marginal Tietê (Tietê marginal road) in São Paulo. The history of this road system began around the 1920s when the sanitarian, Saturnino de Brito, presented to the mayor of that time, Pires do Rio, a rectification project for the Tietê, which was considered quite a winding river. The project foresaw a large reservoir along the banks to control flooding and avenues on either side of the river. The project was postponed because it was considered too outrageous for that time. A little over 30 years later, construction of Marginal do Tietê began, covering a distance of 2.5 km from Ponte das Bandeiras (Bandeiras Bridge) to Ponte do Limão (Limão Bridge), and was completed by 1956. São Paulo (SP), 2012. Eduardo Knapp/Folhapress*

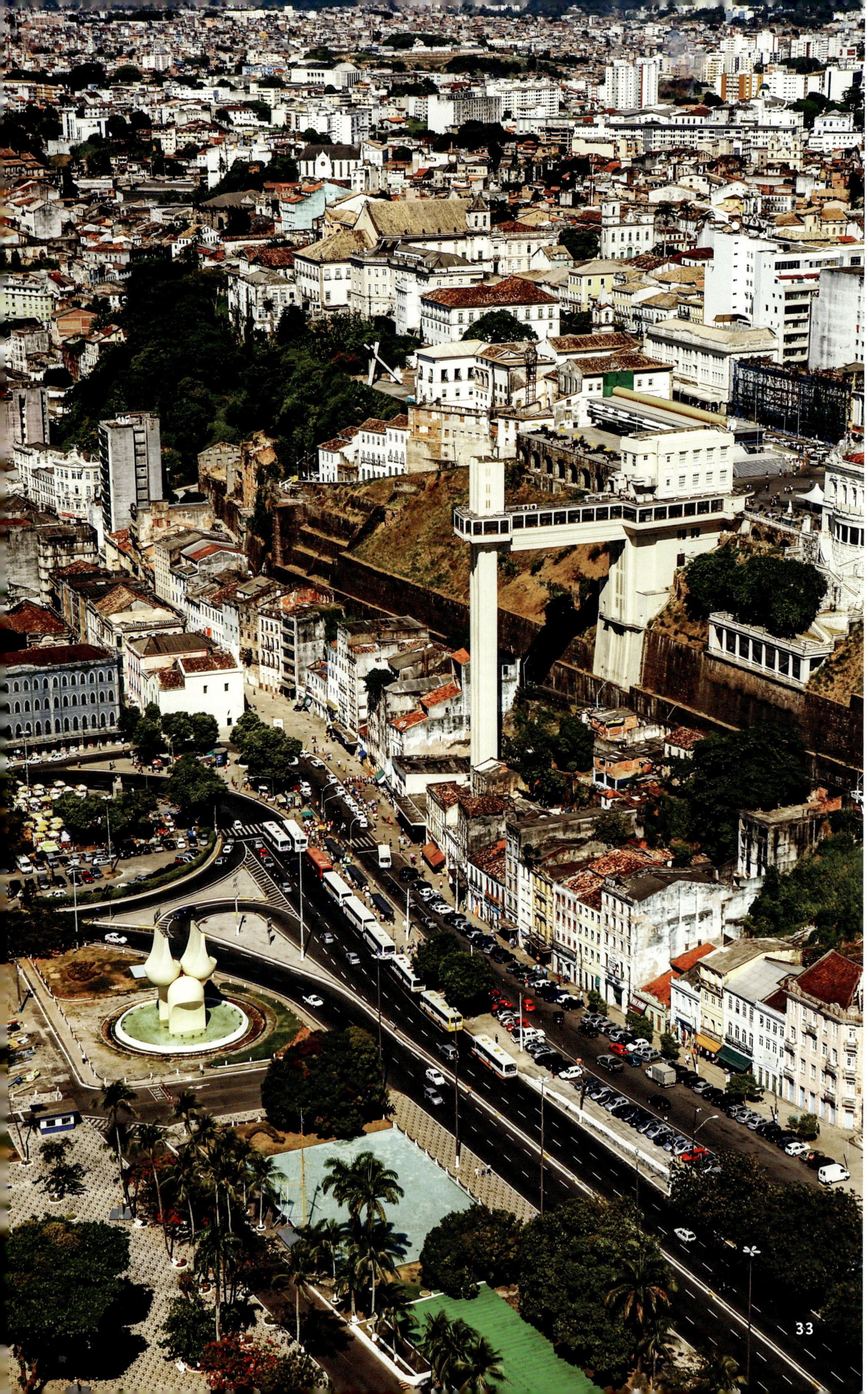

33 Salvador, capital do Estado da Bahia. À direita está o Elevador Lacerda, primeiro elevador urbano do mundo, inaugurado em 1873. Salvador (BA), s/d. Luciano Munhoz/Getty Images

34 Museu Paulista, conhecido como Museu do Ipiranga, localizado na zona sul de São Paulo. Integra o conjunto arquitetônico do Parque da Independência e é o mais importante museu da Universidade de São Paulo (USP). Seu acervo guarda valiosos elementos históricos relacionados com a Independência do Brasil e uma das suas obras mais conhecidas é o quadro *Independência ou Morte*, do artista Pedro Américo. São Paulo (SP). 2011. Daniela Souza/Folhapress

33 *Salvador, state capital of Bahia. On the right, Elevador Lacerda (Lacerda Elevator), the first urban lift in the world, inaugurated in 1873. Salvador (BA), n/d. Luciano Munhoz/Getty Images*

34 *Museu Paulista (Paulista Museum), also known as the Museu do Ipiranga (Ipiranga Museum), located in the south side of São Paulo. It is part of the architectural complex of Parque da Independência (Independence Park) and it is the most important museum of the Universidade de São Paulo (USP — University of São Paulo). Its archive includes valuable historic elements related to the independence of Brazil and the most famous work of art in the museum collection is the painting Independência ou Morte (Independence or Death) by Pedro Américo. São Paulo (SP). 2011. Daniela Souza/Folhapress*

35 Complexo Viário Heróis de 1932 (mais conhecido como Cebolão), localizado na zona oeste da capital paulista. Trata-se de um conjunto formado por pontes e viadutos na região do encontro entre os Rios Tietê e Pinheiros, na cidade de São Paulo. Interliga três importantes vias: a Marginal do Tietê, a Marginal do Pinheiros e a Rodovia Castelo Branco, garantindo acesso entre elas. Além disso, a região é considerada o "marco zero" para a contagem da quilometragem das duas Marginais. São Paulo (SP), 2010. Ayrton Vignola/AE

36 Loteamento em Boraceia, praia do município de São Sebastião que faz divisa com a cidade de Bertioga, litoral de São Paulo. Ao sul é cortada pelo Rio Guaratuba e sua orla, de areia batida e escura, conta com cerca de 9 quilômetros de extensão. É margeada pela Rodovia Rio-Santos e abriga uma reserva de índios guaranis, nas margens do Rio Silveiras. No seu entorno, apresenta vegetação nativa litorânea bem conservada. São Sebastião (SP), s/d. Superstudio/Getty Images

35 *Complexo Viário Heróis de 1932 (Heros 1932 Road Network), most commonly known as Cebolão, located in the western region of the city of São Paulo. This network comprises bridges and flyovers in the region where rivers Tietê and Pinheiros meet in the city of São Paulo. It interconnects three important highways: Marginal Tietê, Marginal Pinheiros, and Rodovia Castelo Branco, ensuring access from one to the other. This location is also considered ground zero for counting the kilometers of both marginal roadways. São Paulo (SP), 2010. Ayrton Vignola/AE*

36 *Development in Boraceia, a beach in the city of São Sebastião that borders the city of Bertioga, in the coast of São Paulo. Towards the south, it is crossed by Guaratuba river and it has a 9 km stretch of beach with dark, fluffy sand. Boraceia, which is surrounded by well-preserved native plants, skirts the Rio-Santos motorway and harbors a reserve of Guarani Indians by the banks of river Silveiras. São Sebastião (SP), n/d. Superstudio/Getty Images*

36

37

37 Estação Júlio Prestes, em São Paulo. Foi inaugurada em 10 de julho de 1872 pela Estrada de Ferro Sorocabana e se chamava Estação São Paulo. Sua função era transportar sacos de grãos de café do sudoeste e oeste paulista e norte do Paraná para a capital. A antiga estação ficava ao lado da Estação da Luz, o que facilitava o baldeamento do café para a São Paulo Railway, a única ferrovia que fazia o trajeto da capital ao Porto de Santos. Em 1951 teve seu nome alterado em homenagem ao ex-presidente do Estado de São Paulo Júlio Prestes. Foi restaurada em 1990 por iniciativa de Mário Covas, então governador de São Paulo. No interior da estação existe um jardim clássico francês de 960 metros quadrados de dimensão. Atualmente, a estação é usada pelos trens da Companhia Paulista de Trens Metropolitanos. São Paulo (SP), 2001. Caio Esteves/Folhapress

38 Porto Seguro, na Bahia, Região Nordeste do Brasil. A cidade localiza-se na região que foi, oficialmente, a primeira a ser descoberta pelos navegadores portugueses no território brasileiro. Em 21 de abril de 1500, o navegador Pedro Álvares Cabral avistou terra firme após ter deixado a costa africana um mês antes. O lugar avistado foi o Monte Pascoal, 62 quilômetros ao sul de Porto Seguro. Porto Seguro (BA), s/d. Claudio Lacerda Costa/Getty Images

37 Júlio Prestes railway station in São Paulo. It was inaugurated on July 10, 1872 by Estrada de Ferro Sorocabana and named Estação São Paulo (São Paulo Station). The railway station was used to transport coffee from the Southeast and West of São Paulo and the North of Paraná to the capital. The former railway station was next to Estação da Luz (Luz Railway Station), which simplified the transportation of coffee to the São Paulo Railway, the only railroad from the capital city to the port of Santos. In 1951, the station was re-named to pay homage to the former president of the state of São Paulo, Júlio Prestes. The railway station was renovated in 1990 based on the initiative of Mário Covas, who was then the governor of São Paulo. In the interior of the railway station, there is a 960-square-meter classic French garden. Today, the station is used for the trains of Companhia Paulista de Trens Metropolitanos. São Paulo (SP), 2001. Caio Esteves/Folhapress

38 Porto Seguro, Bahia, in the northeastern region of Brazil. The region surrounding Porto Seguro was the first to be discovered by Portuguese navigators in the current Brazilian territory. On April 21, 1500, Portuguese navigator Pedro Álvares Cabral spotted land after having left the African coast a month earlier. The place he spotted was Monte Pascoal, 62 km south of Porto Seguro. Porto Seguro (BA), n/d. Claudio Lacerda Costa/Getty Images

39 Centro de São Paulo, principal centro financeiro, corporativo e mercantil da América do Sul. É a cidade mais populosa do Brasil, do continente americano e de todo o Hemisfério Sul, sendo considerada a 14ª cidade mais globalizada do planeta. Possui o 10º maior PIB do mundo, representando, isoladamente, 12,26% de todo o PIB brasileiro e 36% de toda a produção de bens e serviços do Estado de São Paulo, sendo sede de 63% das multinacionais estabelecidas no Brasil. São Paulo (SP), 2006. Caio Guatelli/Folhapress

40 Aracaju, capital do Sergipe, com vista da Praia 13 de Julho. A cidade foi fundada em 1855 e se constitui na segunda capital planejada de um Estado brasileiro (a primeira foi Teresina, no Piauí, em 1852). Todas as suas ruas foram projetadas geometricamente, como um tabuleiro de xadrez, para desembocarem no Rio Sergipe. Aracaju (SE), 2005. Márcio Garcez/Folhapress

39 Downtown São Paulo, the main financial, business and commercial center of South America. São Paulo is the most populous city in Brazil, the American continent and the entire southern hemisphere, and is considered the 14th most globalized city on the planet. It has the 10th highest GDP in the world and single-handedly represents 12.26% of the entire Brazilian GDP and 36% of all the production of goods and services in the state of São Paulo. It also headquarters 63% of all global corporations with offices in Brazil. São Paulo (SP), 2006. Caio Guatelli/Folhapress

40 Aracaju, the capital of Sergipe, with a view of 13 de Julho beach. The city was founded in 1855 and is the second planned capital city of a Brazilian state (the first one was Teresina, in Piauí, in 1852). Its streets were all been geometrically designed to resemble a chess board that ends at the Sergipe river. Aracaju (SE), 2005. Márcio Garcez/Folhapress

40

41

41 Altamira, no Estado do Pará, localizada às margens do Rio Xingu. O município já foi considerado o maior do mundo em extensão territorial, com uma área de 159.695,938 km², ultrapassando o tamanho de vários países, como Portugal, Islândia, Irlanda, Suíça, entre outros. A rodovia Transamazônica atravessa o município no sentido leste-oeste, numa extensão de 60 km, ligando Altamira a Belém (800 km), Marabá (500 km), Itaituba (500 km) e Santarém (500 km). Altamira (PA), 2000. Janduari Simões/Folhapress

42 Galpões no cais do Porto do Rio de Janeiro, que é um dos portos mais movimentados do país quanto ao valor das mercadorias e à tonelagem. Atende aos Estados do Rio de Janeiro, Minas Gerais, Espírito Santo e Bahia, além de parte de São Paulo e sudoeste de Goiás. Administrado pela Companhia Docas do Rio de Janeiro (CDRJ), conta com 6.740 metros de cais contínuo e um píer de 883 metros de perímetro. Os principais produtos escoados pelo Porto do Rio de Janeiro são, entre outros, minério de ferro, manganês, carvão, trigo, gás e petróleo. Rio de Janeiro (RJ), 2011. Marcos de Paula/AE

41 *Altamira, in the state of Pará, located on the banks of the Xingu river. Altamira, which comprises an area of 159 695,938 square km, has already been considered the largest municipality in the world in terms of area. It is bigger than many countries, such as Portugal, Iceland, Ireland and Switzerland, among others. The Transamazônica roadway crosses the municipality from east to west for 60 km, connecting Altamira to Belém (800 km), Marabá (500 km), Itaituba (500 km), and Santarém (500 km). Altamira (PA), 2000. Janduari Simões/Folhapress*

42 *Warehouses on the quays of the Port of Rio de Janeiro. The Port of Rio de Janeiro is one of the busiest in Brazil in terms of value of goods and tonnage. Located on the west coast of the Guanabara Bay, it serves the states of Rio de Janeiro, São Paulo, Minas Gerais, Espírito Santo and Bahia, as well as part of the state of São Paulo and the southwest of the state of Goiás. The port is administered by Companhia Docas de Rio de Janeiro (CDRJ) and consists of 6740 meters of continuous wharf and a pier with a 883-meter perimeter. Some of the main products handled by the port of Rio de Janeiro include iron ore, manganese, charcoal, wheat, gas and oil. Rio de Janeiro (RJ), 2011. Marcos de Paula/AE*

43

43	Porto de Manaus, na capital do Amazonas. Trata-se de um porto fluvial brasileiro localizado na costa oeste do Rio Negro, no centro da cidade de Manaus. É o mais antigo porto da Amazônia, o terceiro maior porto da Região Norte e atualmente é o maior porto flutuante do mundo. Atende aos Estados do Amazonas, Pará, Roraima, Rondônia, Acre e áreas do norte do Mato Grosso. Construído em um cais flutuante e projetado por ingleses, foi inaugurado em 1907, quando a cidade vivia o apogeu do Ciclo da Borracha. Manaus (AM), s/d. Ian Trower/Getty Images

44	Região do Jardim Aquarius, na cidade de São José dos Campos, interior de São Paulo. O Produto Interno Bruto (PIB) de São José dos Campos é o maior da Região Metropolitana do Vale do Paraíba e Litoral Norte, o sétimo maior do Estado de São Paulo e o 19º de todo o Brasil. É também o sétimo mais populoso de São Paulo (mais de 600 mil habitantes pelo Censo de 2010) e o 32º de todo o país. A principal fonte econômica está centrada no setor secundário, com suas várias indústrias instaladas, sendo que o comércio também representa uma relevante parcela de participação na economia da cidade. São José dos Campos (SP), 2011. Lucas Lacaz Ruiz/Folhapress

43	*The Port of Manaus, in the capital of Amazonas. It is a fluvial port on the east bank of the Negro river, in the Manaus downtown district. It is the oldest port in the Amazon, the third port in the northern region of Brazil and currently the biggest floating port in the world. It serves the states of Amazonas, Pará, Roraima, Rondônia and Acre, and the northern region of Mato Grosso. Built on a floating quay and designed by English engineers, it was inaugurated in 1907 during the peak of the Rubber Cycle. Manaus (AM), n/d. Ian Trower/Getty Images*

44	*The Jardim Aquarius region in the city of São José dos Campos, interior of São Paulo. Gross Domestic Product (GDP) of São José dos Campos is the highest in the Metropolitan Area of Vale do Paraíba and the North Coast, seventh in the State of São Paulo and nineteenth in all of Brazil. It is also the seventh most populous city of the state of São Paulo (over 600 thousand inhabitants according to the 2010 Census) and the 32nd most populated city in the country. Its main economic resource is based on the secondary sector and the city houses many industries. Commerce also represents a significant share of the city`s economy. São José dos Campos (SP), 2011. Lucas Lacaz Ruiz/Folhapress*

45 Vista da Avenida Afonso Pena e do Parque Municipal, a partir do Hotel Othon, no centro de Belo Horizonte, capital de Minas Gerais. A cidade é a quinta mais rica do Brasil, atrás de São Paulo, Rio de Janeiro, Brasília e Curitiba, e está entre os sete municípios com a melhor infraestrutura do país. É também um dos maiores centros financeiros do Brasil. Belo Horizonte (MG), 2006. Tiago Queiroz/AE

45 *View of Avenida Afonso Pena and Parque Municipal from the Othon Hotel, in downtown Belo Horizonte, capital of Minas Gerais. The city is the fifth richest in Brazil after São Paulo, Rio de Janeiro, Brasília and Curitiba. It is among the seven municipalities with the best infrastructure in the country and is also one of Brazil's top financial centers. Belo Horizonte (MG), 2006. Tiago Queiroz/AE*

46 Avenida costeira em Florianópolis, capital do Estado de Santa Catarina e uma das três ilhas-capitais do Brasil. Cerca de 97% da cidade está situada na Ilha de Santa Catarina, possuindo cerca de cem praias, consideradas também as continentais. Em 2011, segundo estimativa do IBGE, contava com uma população de 427.298 habitantes. Antigas populações habitaram a ilha de Santa Catarina em tempos remotos. Existem indícios de presença do chamado Homem de Sambaqui em sítios arqueológicos, cujos registros mais antigos datam de 4800 a.C. A ilha possui numerosas inscrições rupestres e algumas oficinas líticas em várias de suas praias. No início do século XVI, embarcações que demandavam a Bacia do Prata aportavam na Ilha de Santa Catarina para abastecerem-se de água e víveres e, por volta de 1675, o bandeirante Francisco Dias Velho deu início ao povoamento da ilha com a fundação de Nossa Senhora do Desterro (atual Florianópolis). Florianópolis (SC), s/d. Paulo Fridman/SambaPhoto

46 *Seaside avenue in Florianópolis, capital of the state of Santa Catarina and one of the three capital islands of Brazil. Approximately 97% of the city is located on the Ilha de Santa Catarina (Island of Santa Catarina), which has around 100 beaches, including the beaches on the continental region. According to the IBGE, Florianópolis had a population of 427,298 inhabitants. Ancient populations lived on the Ilha de Santa Catarina (Island of Santa Catarina) in remote times. There are traces of the so-called Man of Sambaqui in archeological sites, and records that date back to 4800 B.C.. The island has many cave paintings and some ancient locations on many of its beaches. At the start of the 16th century, boats that had to cross the Bacia do Prata (Silver Bay) moored at the Ilha de Santa Catarina (Island of Santa Catarina) to supply their vessels with water and food. In around 1675, the bandeirante Francisco Dias Velho started to populate the island when he founded Nossa Senhora do Desterro (present-day Florianópolis). Florianópolis (SC), n/d. Paulo Fridman/SambaPhoto*

47 Vista do edifício Copan, projetado pelo arquiteto Oscar Niemeyer, no centro de São Paulo. São Paulo (SP), 2007. Jonne Roriz/AE

47 View from the Copan building designed by architect Oscar Niemeyer, in downtown São Paulo. São Paulo (SP), 2007. Jonne Roriz/AE

47

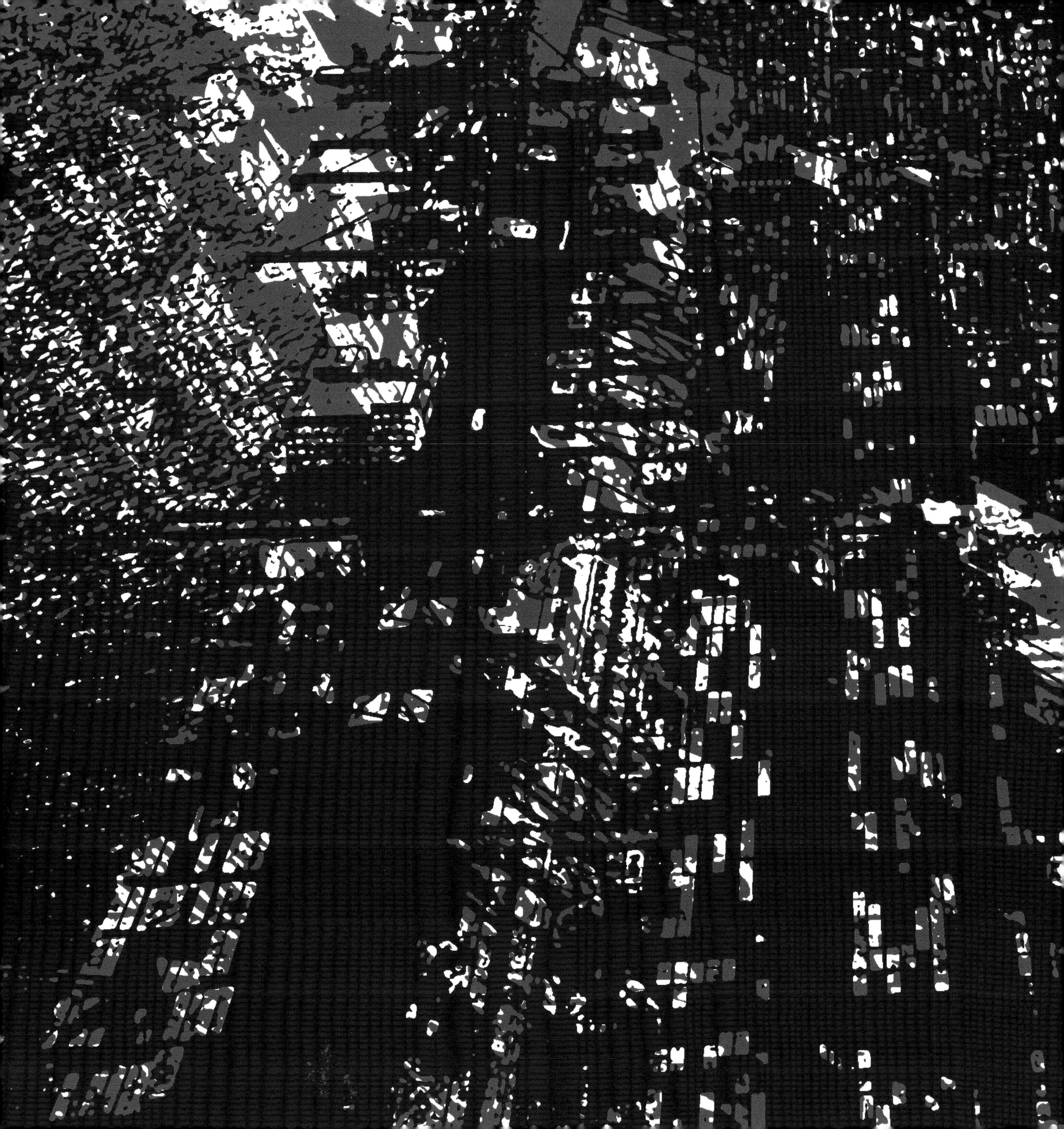

Capítulo 2
CHAPTER 2

O Brasil grande
THE BIG BRAZIL

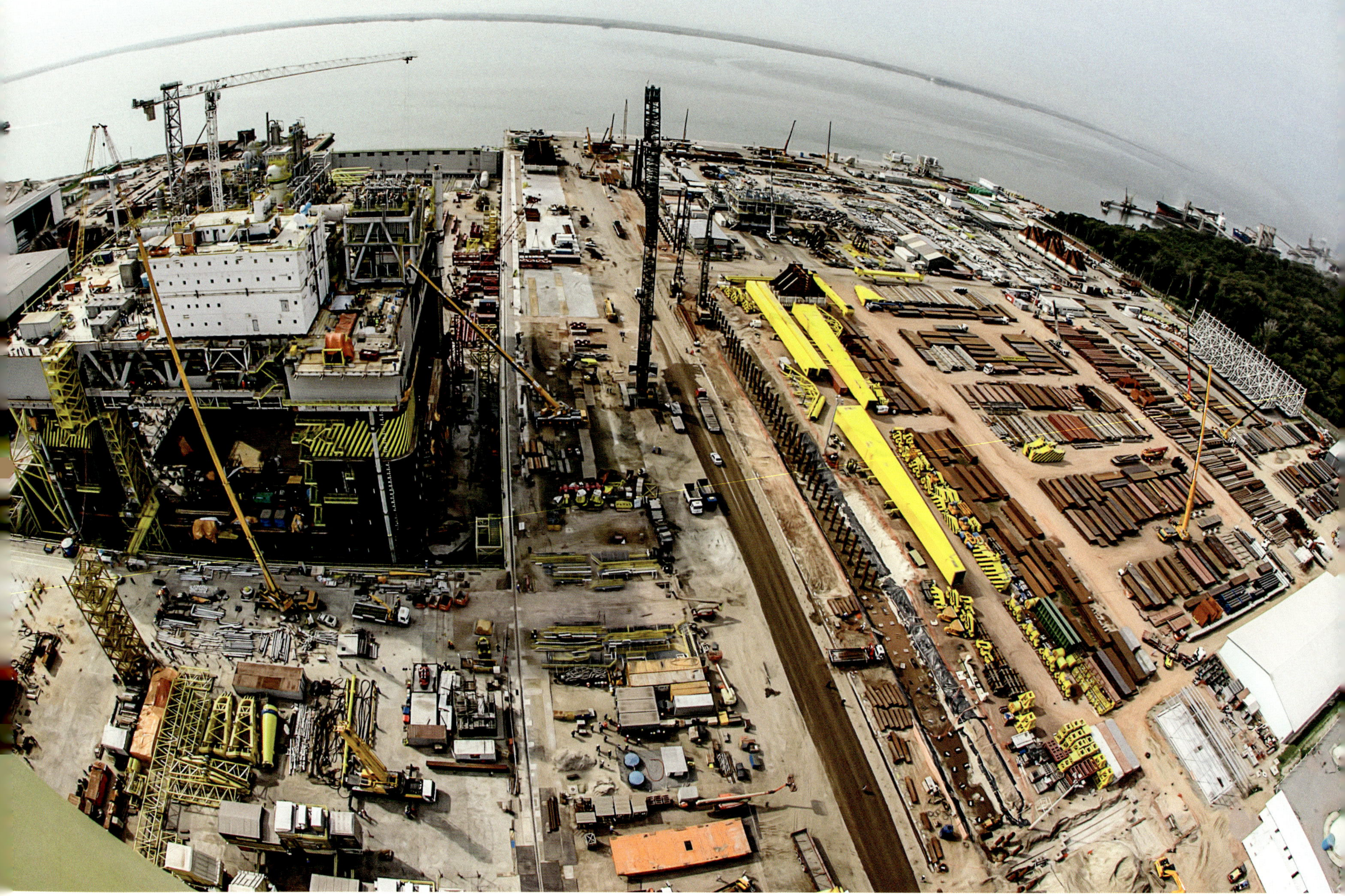

48 Dique seco da plataforma 55, da Petrobras, no Estaleiro Rio Grande, no Rio Grande do Sul. Com 8,8 mil metros quadrados, será a maior plataforma semissubmersível do Brasil para operar no Campo de Roncador, na Bacia de Campos, no Rio de Janeiro, com capacidade para produzir 180 mil barris de petróleo por dia. Rio Grande (RS), 2012. Marcus Maciel/AE

49 Ponte Presidente Costa e Silva, conhecida como Ponte Rio-Niterói, localizada na Baía de Guanabara, Estado do Rio de Janeiro. Liga o município do Rio ao município de Niterói. No Hemisfério Sul é considerada a maior ponte de concreto protendido (que permite a construção de pavimentos e pontes com vãos mais extensos) e a sexta maior ponte do mundo. Rio de Janeiro (RJ), 2007. Celso Ávila/XPress/Folhapress

48 Dry dock on Petrobras oil rig 55 at the Estaleiro Rio Grande (Rio Grande Shipyard), Rio Grande do Sul. Totaling 8.8 sq. km, it will be Brazil's biggest semi-submergible oil rig to operate in Campo de Roncador (Roncador Oil Field) and Bacia de Campos (Campos Basin), in Rio de Janeiro, with the capacity to produce 180 thousand barrels of oil per day. Rio Grande (RS), 2012. Marcus Maciel/AE

49 Presidente Costa e Silva Bridge, commonly known as the Ponte Rio-Niteroí (Rio-Niteroi Bridge), located in Guanabara Bay, state of Rio de Janeiro, connecting the municipality of Rio de Janeiro to the municipality of Niterói. In the southern hemisphere, it is considered the longest bridge of pre-stressed concrete (which allows the construction of more extensive beams, floors or bridges than ordinary reinforced concrete) and it is the sixth longest bridge in the world. Rio de Janeiro (RJ), 2007. Celso Ávila/XPress/Folhapress

50 Colheita de soja em Campo Novo do Parecis, Mato Grosso. Segundo dados da Embrapa, em 2010/2011 a produção de soja no mundo atingiu a marca de 263,7 milhões de toneladas, com uma área plantada de 103,5 milhões de hectares. No Brasil, esses números foram, respectivamente, de 75 milhões de toneladas numa área de 24,2 milhões de hectares, sendo que o Estado de Mato Grosso foi responsável pela produção de 20,4 milhões de toneladas do grão. Campo Novo do Parecis (MT), 2011. Eduardo Knapp/Folhapress

51 Rodovia Presidente Castelo Branco (SP-280, também denominada BR-374), principal ligação entre a Região Metropolitana de São Paulo e o oeste paulista, com mais de 300 km de extensão. Os primeiros estudos para a construção da rodovia datam de 1953. Destinada a ser a primeira autopista expressa brasileira, sua construção teve início em 1963 e sua inauguração aconteceu em 1968. São Paulo (SP), s/d. Cássio Vasconcellos/SambaPhoto

50 Soybean crops in Campo Novo do Parecis, Mato Grosso. According to Embrapa (Brazilian Agricultural Research Corporation), in the 2010/2011 season, global soybean production reached 263.7 million tons in an area of 103.5 million hectares. In Brazil, these numbers were 75 million tons covering an area of 24.2 million hectares. The state of Mato Grosso alone was responsible for producing 20.4 million tons of soybean. Campo Novo do Parecis (MT), 2011. Eduardo Knapp/Folhapress

51 Rodovia Presidente Castelo Branco (SP-280, also known as BR-374) is the main connection between the metropolitan area of São Paulo and the western region of the state, covering over 300 kilometers. Initial studies for construction of the highway date back to 1953. Designed to be the first Brazilian expressway, its construction started in 1963 and it was inaugurated in 1968. São Paulo (SP), n/d. Cássio Vasconcellos/SambaPhoto

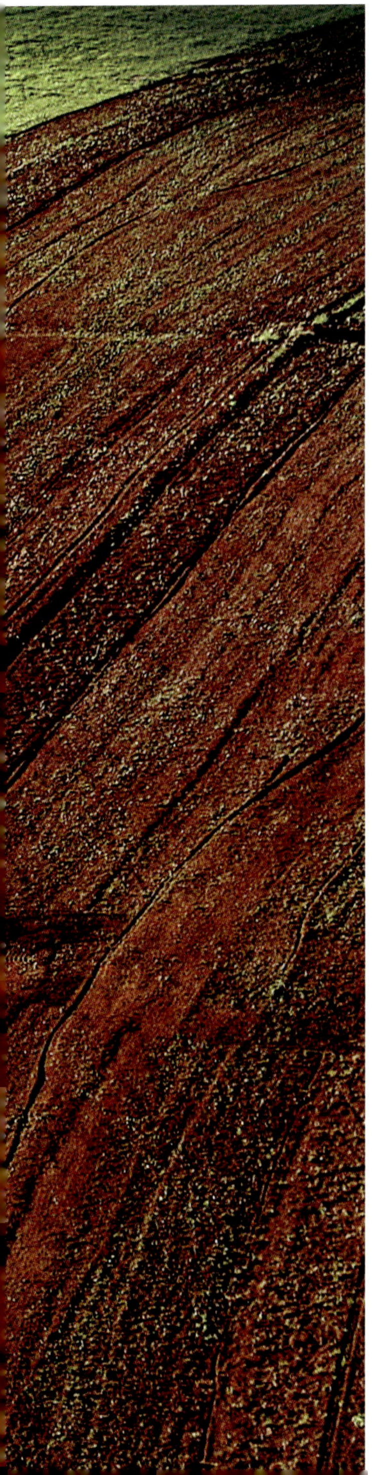

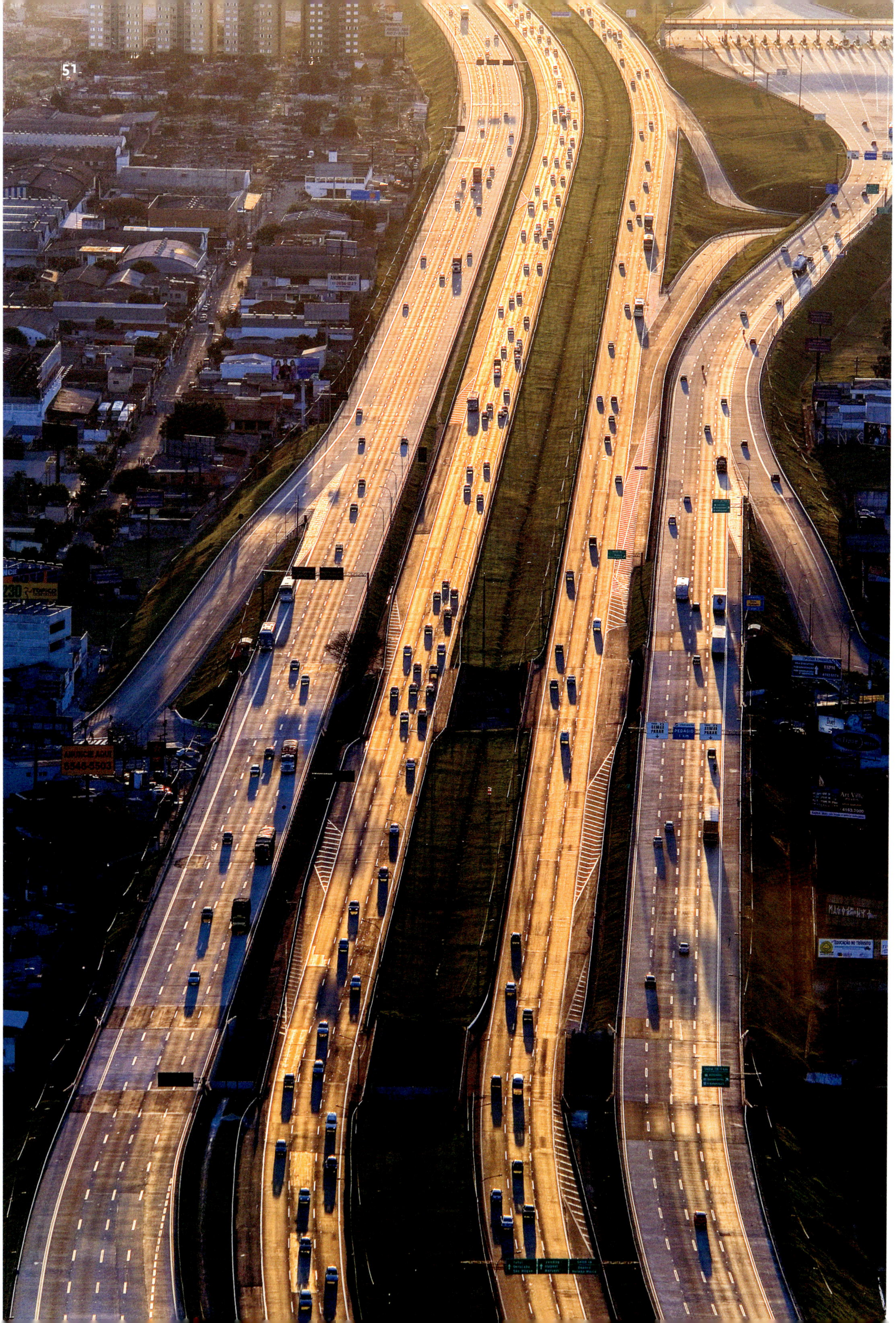

52   Reservatórios de gás na encosta da Serra do Mar, na cidade de Cubatão, em São Paulo. A área é operada pela Refinaria Presidente Bernardes, de Cubatão, a mais antiga unidade da Petrobras. Cubatão (SP), 2006. Ana Ottoni/Folhapress

53   Veículos estacionados em cais para exportação, no Porto de Santos, na margem do Guarujá. Guarujá (SP), 2009. Moacyr Lopes Junior/Folhapress

54   Parque Eólico de Praias de Parajuru. Em 2011, a potência instalada para geração eólica no país aumentou 53,7%. Segundo o Banco de Informações da Geração (BIG), da Agência Nacional de Energia Elétrica (Aneel), o parque eólico nacional cresceu 498 MW, alcançando 1.426 MW ao final de 2011, o que representa aproximadamente 0,5% da matriz de energia. Beberibe (CE), s/d. Rick Neves/Getty Images

55   Usina Hidrelétrica de Itaipu, localizada no Rio Paraná, na fronteira entre o Brasil e o Paraguai. Construída por ambos os países no período de 1975 a 1982, é a maior usina geradora de energia do mundo, segundo dados de 2009, quando gerou 91,6 TWh superando a geração da Barragem das Três Gargantas, na China, de 79,4 TWh. O nome Itaipu deriva do idioma tupi e significa "barulho do rio das pedras", através da junção dos termos *itá* (pedra), *'y* (rio) e *pu* (barulho). Foz do Iguaçu (PR), 2008. Robson Fernandjes/AE

52   *Gas reservoirs on the hillside of Serra do Mar, in the city of Cubatão, São Paulo. The area is operated by Refinaria Presidente Bernardes (Presidente Bernardes Refinery) in Cubatão, the oldest Petrobras Unit to date. Cubatão (SP), 2006. Ana Ottoni/Folhapress*

53   *Vehicles parked on the export wharf in the Port of Santos, on the banks of Guarujá. Guarujá (SP), 2009. Moacyr Lopes Junior/Folhapress*

54   *Wind farm in Praias de Parajuru. In 2011, installed power for wind generation jumped 53.7%. According to the Banco de Informações da Geração (BIG — Generation Information Bank) of the Agência Nacional de Energia Elétrica (ANEEL — National Electricity Agency), the national wind park has grown 498 MW, reaching 1,426 MW by the end of 2011, which represents approximately 0.5% of the energy grid. Beberibe (CE), n/d. Rick Neves/Getty Images*

55   *Itaipu Hydroelectric Plant, in the Paraná river on the border between Brazil and Paraguay. This plant was constructed by both countries between 1975 and 1982 and is the largest operating hydroelectric facility in terms of annual energy generation, totaling 91.6 TWh in 2009, and surpassing generation of the Three Gorges Dam in China that produced 79.4 TWh. In Guaraní, the name "Itaipu", a combination of itá (stone), 'y (river) and pu (sound), means "the sounding stone". Foz do Iguaçu (PR), 2008. Robson Fernandjes/AE*

54

55

56 Movimento de veículos na Rodovia dos Imigrantes, sentido litoral paulista. A Rodovia dos Imigrantes faz parte de um complexo de estradas denominado Sistema Anchieta-Imigrantes, dos quais fazem parte também as Rodovias Anchieta, Padre Manoel da Nóbrega e Cônego Domênico Rangoni. Possui 44 viadutos, sete pontes e 14 túneis, em 58,5 km de extensão, de São Paulo até a cidade de Praia Grande, no litoral sul paulista. São Paulo (SP), 2009. Robson Fernandjes/AE

57 Ponte 12 de Setembro, conhecida como Ponte Giratória, em Recife, Estado de Pernambuco. Antigamente, a ponte era rodoferroviária e tinha sua estrutura central montada sobre uma coluna pivotante, que servia para liberar a navegação no Rio Capibaribe. Sua construção iniciou-se em 1920 e foi inaugurada em 5 de dezembro de 1923, funcionando até a década de 1970, quando foi desmontada e em seu lugar foi construída uma ponte de concreto, fixa, que recebeu a denominação atual. Recife (PE), 2008. Alexandre Severo/AE

56 *Vehicles on the Rodovia dos Imigrantes (Imigrantes Highway) going towards the coast of São Paulo. Rodovia dos Imigrantes is part of a highway complex called Sistema Anchieta-Imigrantes (Imigrantes-Anchieta System), which also comprises the highways Anchieta, Padre Manoel da Nóbrega and Cônego Domênico Rangoni. Rodovia dos Imigrantes has 44 overpasses, 7 bridges and 11 tunnels along its 58.5 km stretch. It connects São Paulo to the city of Praia Grande, on the southern coast of São Paulo. São Paulo (SP), 2009. Robson Fernandjes/AE*

57 *Ponte 12 de Setembro, known as Ponte Giratória (Rotary Bridge), in Recife, state of Pernambuco. This bridge was previously used for cars and trains and its central structure was mounted over a pivotal column that cleared boats to navigate along Capibaribe river. Its construction began in 1920 and it was inaugurated on December 5, 1923. It was active until the 1970s, when it was dismounted and replaced by a fixed concrete bridge, and received its current name. Recife (PE), 2008. Alexandre Severo/AE*

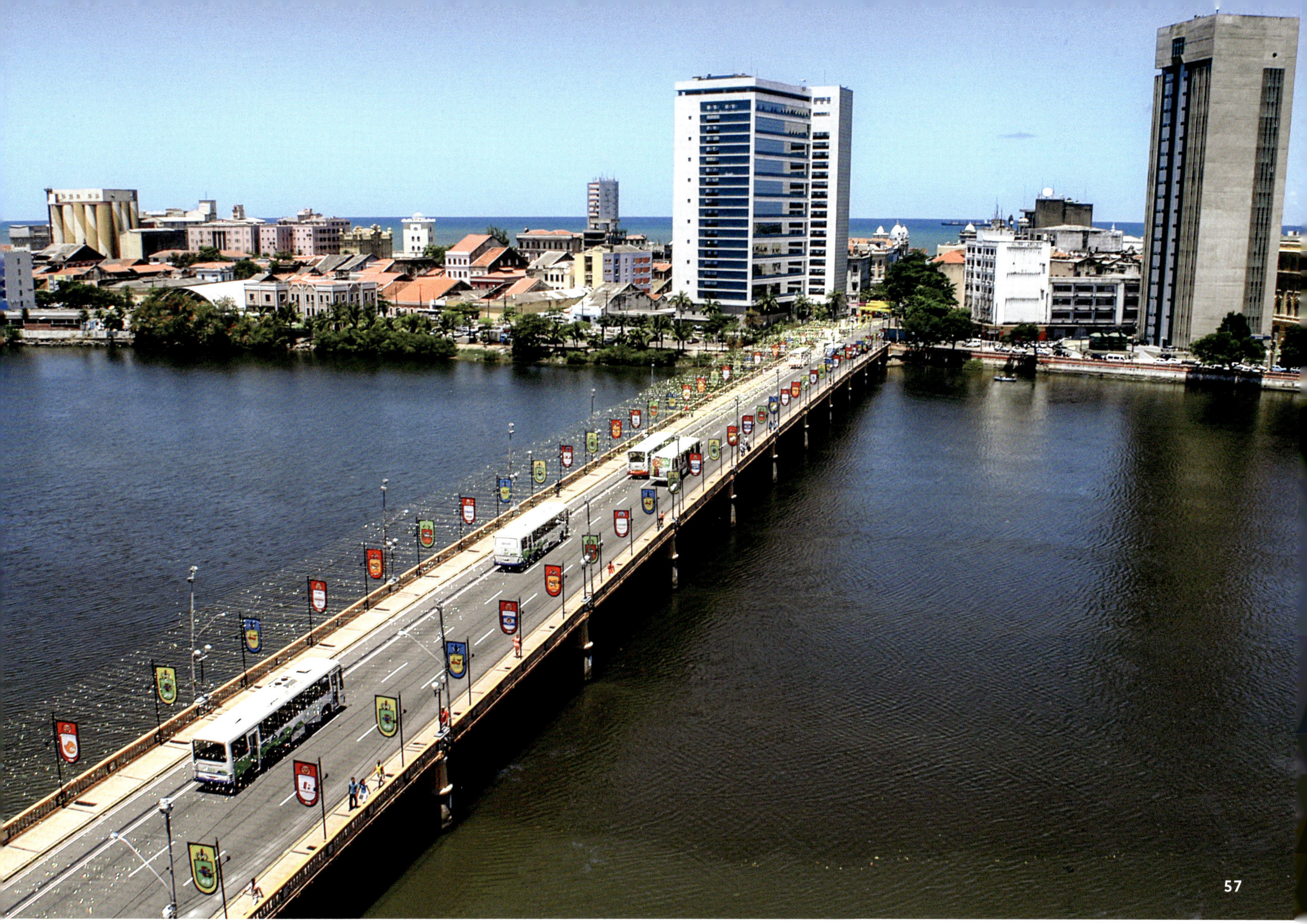

57

58 Usina Hidrelétrica de Tucuruí, central hidrelétrica do Rio Tocantins, no município de Tucuruí (a cerca de 300 km ao sul de Belém), no Estado do Pará. É a maior usina hidrelétrica 100% brasileira. Seu vertedouro, com capacidade para 110.000 m³/s, é o segundo maior do mundo. Sua construção foi iniciada em 24 de novembro de 1974 e sua inauguração ocorreu em 22 de novembro de 1984. Tucuruí (PA), s/d. Jacques Jangoux/Getty Images

59 Ponte dos Macuxis, que atravessa o Rio Branco no Estado brasileiro de Roraima. Liga a capital Boa Vista aos municípios do Cantá, Normandia e Bonfim, numa extensão de 1.200 metros. Sua função básica é integrar o Brasil à vizinha Guiana. Teve sua construção iniciada em 1972, com obras ao encargo do 6º Batalhão de Engenharia e Construção do Exército Brasileiro. Foi inaugurada em 29 de agosto de 1975. O nome Macuxis é uma referência à maior etnia indígena de Roraima. Boa Vista (RR), s/d. Cássio Vasconcellos/Getty Images

58 Tucuruí Hydroelectric Plant is a concrete gravity dam on the Tocantins river located in the municipality of Tucuruí (300 km south of Belém) in the state of Pará. It is the largest 100% Brazilian hydroelectric plant. Spillway capacity is 110,000 cubic meters per second, the second highest in the world. Its construction began on November 24, 1974 and it was inaugurated on November 22, 1984. Tucuruí (PA), n/d. Jacques Jangoux/Getty Images

59 Ponte dos Macuxis (Macuxis Bridge) that crosses Branco river in the state of Roraima. This 1200-meter bridge connects the capital Boa Vista to seven municipalities including Cantá, Normandia and Bonfim. Its main function is to integrate Brazil to its neighboring country, Guiana. Construction of this bridge began in 1972, by the 6th Engineering and Construction Battalion of the Brazilian Army, and it was inaugurated on August 29, 1975. The name Macuxi is a reference to the largest indigenous ethnic community in Roraima. Boa Vista (RR), n/d. Cássio Vasconcellos/Getty Images

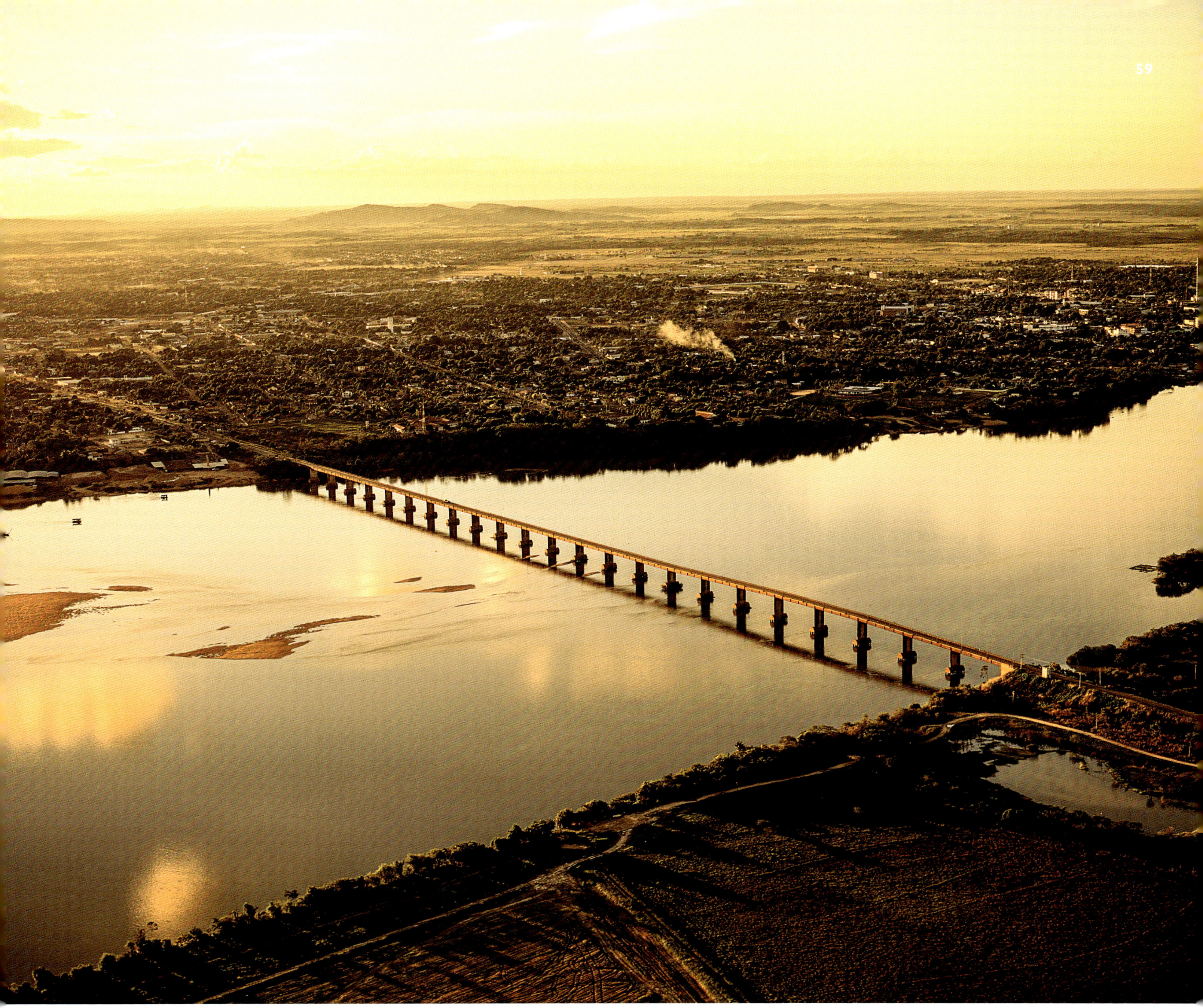
59

60 Rodovia dos Bandeirantes (SP-348), considerada uma das mais bem conservadas rodovias do país, classificando-se na primeira posição do ranking elaborado através de pesquisa rodoviária de 2012, realizada pela Confederação Nacional do Transporte. Possui grande importância comercial, pois, em conjunto com o Rodoanel Mário Covas e a Rodovia Anchieta, atua como elo entre dois dos maiores polos de importação e exportação do país: o Aeroporto Internacional de Viracopos e o Porto de Santos. São Paulo, s/d. Cássio Vasconcellos/Getty Images

60 *Rodovia dos Bandeirantes (SP-348 — Bandeirantes Highway), considered one of the best-preserved highways in the country and ranked first in a road survey conducted in 2012 by the Conferedração Nacional do Transporte (National Transport Confederation). It has considerable commercial relevance as, together with the RoadoAnel Mário Covas (Mário Covas Ringroad) and Rodovia Anchieta (Anchieta Highway), it connects the two most important import and export poles in the country: Aeroporto Internacional de Viracopos (Viracopos International Airport) and the Port of Santos. São Paulo, n/d. Cássio Vasconcellos/Getty Images*

61 Ponte João Luis Ferreira, que cruza o Rio Parnaíba e liga a capital do Piauí, Teresina, à cidade de Timon, no Maranhão. Foi a primeira ponte construída sobre o Rio Parnaíba, no Estado do Piauí, inaugurada em 2 de dezembro de 1939, após 17 anos do início da obra. Foi projetada pelo engenheiro alemão Germano Franz e consumiu 702 toneladas de ferro em sua construção. Sua conclusão permitiu o estabelecimento da linha férrea São Luís-Teresina da RFFSA, conectando as duas capitais. Teresina (PI), 2004. Aureliano Müller/Folhapress

61 *Ponte João Luis Ferreira (João Luis Ferreira Bridge) that crosses Parnaíba river and connects the capital of Piauí to the city of Timon, in Maranhão. This was the first bridge built over the Parnaíba river, in the state of Piauí, and it was inaugurated on December 2, 1939, 17 years after start of construction. Designed by German engineer, Germano Franz, 702 tons of iron were used to build the bridge. When finished, it facilitated the establishment of the São Luiz-Teresina of RFFSA railroad, connecting both capitals. Teresina (PI), 2004. Aureliano Müller/Folhapress*

62

62   Plataforma P-52, da Petrobras, considerada um marco na história da empresa e da recuperação da capacidade construtiva do setor naval brasileiro. Foi a primeira plataforma semissubmersível a ser concluída no Brasil depois de anos de estagnação da indústria naval brasileira. Foi instalada no Campo de Roncador, na Bacia de Campos, litoral norte fluminense. Campos (RJ), 2007. Wilton Junior/AE

63|64   Píeres do Complexo Industrial e Portuário de Suape, em Pernambuco. O Estado ruma para ser a maior economia do Nordeste devido aos investimentos públicos e privados aplicados no complexo. Ipojuca (PE), 2011. Ao lado, foto de Daniel Marenco/Folhapress; abaixo, foto de Eduardo Queiroga/SambaPhoto

62   *Petrobrás P-52 Platform, considered a landmark in the company's history and the rebirth of the construction capability of the Brazilian naval industry. P-52 was the first semisubmersible platform built in Brazil after years of stagnation of the Brazilian shipping industry. It was installed in Campo do Rocador (Roncador Field), in the Campos Basin, northern coastline of Rio de Janeiro. Campos (RJ), 2007. Wilton Junior/AE*

63|64   *Piers of the Suape Industrial and Port complex, one of the most important harbors and container terminals in Pernambuco. The state is on its way to becoming the largest economy in the Northeast region due to public and private investments in the complex. Ipojuca (PE), 2011. Top, photo by Daniel Marenco/Folhapress. Bottom, photo by Eduardo Queiroga/SambaPhoto*

65 Pátio de trens do metrô de São Paulo, sistema operado pela Companhia do Metropolitano de São Paulo. Inaugurado em 14 de setembro de 1974, possui uma extensão de 74,3 quilômetros de linhas ferroviárias distribuídas em cinco linhas, ligadas por 64 estações. Transporta cerca de 4 milhões de pessoas diariamente. São Paulo (SP), s/d. Cássio Vasconcellos/Getty Images

65 Train yard of the São Paulo Subway system, operated by Companhia do Metropolitano de São Paulo. Inaugurated on November 14, 1974, it comprises over 74.3 kilometers of railroad distributed among five subway lines that connect 64 stations. The subway transports over 4 million people every day. São Paulo (SP), n/d. Cássio Vasconcellos/Getty Images

66 Aeroporto de São Paulo, conhecido como Congonhas, quarto mais movimentado aeroporto do Brasil. Está localizado na cidade de São Paulo, no bairro de Vila Congonhas, distrito do Campo Belo, distante 8 km do marco zero da cidade. Foi inaugurado em 1936, e seu primeiro voo teve como destino a cidade do Rio de Janeiro em um aeroplano da Vasp. É o 96º aeroporto mais movimentado do mundo. Em 2012, segundo dados da Infraero, pelo aeroporto passaram quase 17 milhões de passageiros. São Paulo (SP), 2011. Ricardo Beccari

66 *São Paulo Airport, known as Congonhas, the fourth busiest in Brazil. It is located in the city of São Paulo, in the suburb of Vila Congonhas, Campo Belo district, 8 km from the city center. It was inaugurated in 1936 and the first flight was to the city of Rio de Janeiro completed by a VASP airplane. Congonhas is the 96th busiest airport in the world and in 2012, according to Infraero, approximately 17 million passengers used the airport. São Paulo (SP), 2007. Antônio Gaudério/Folhapress*

67 Vista da ligação entre a Rodovia dos Bandeirantes (quilômetro 47), com a Rodovia Anhanguera, em São Paulo. Jundiaí (SP), 2007. Antônio Milena/AE

68 Ponte Almir Gabriel sobre o Rio Guamá, com extensão de 1.976,80 m e vão estaiado de 582,40 m, um dos maiores do mundo. Faz parte da PA-483, oficialmente Alça Viária do Pará, um complexo de pontes e estradas que totalizam mais de 74 km de rodovias e 4,5 km de pontes, construídas para integrar a região metropolitana de Belém e interligá-la ao interior do Estado. Marituba (PA), 2005. Flávya Mutran/Folhapress

67 *View of the interconnection between Rodovia dos Bandeirantes (Bandeirantes Highway) — kilometer 47 — and Rodovia Anhanguera (Anhanguera Highway), in São Paulo. Jundiaí (SP), 2007. Antônio Milena/AE*

68 *Ponte Almir Gabriel (Almir Gabriel Bridge) over Guamá river. This bridge is 1,976.80 meters long with a cable-stayed span of 582.40 meters, one of the largest in the world. It is part of the PA-483 roadway, officially named Alça Viária do Pará, a complex of bridges and highways, comprising over 74 km of roads and 4.5 km of bridges, built to connect the metropolitan region of Belém, the capital city, to the interior of the state of Pará. Marituba (PA), 2005. Flávya Mutran/Folhapress*

68

Capítulo 3
CHAPTER *3*

Rios e campos
RIVERS AND FIELDS

69

70

69|70 Encontro dos Rios Negro e Solimões durante cheia, um dos pontos turísticos da Região Norte do Brasil. Manaus (AM), 2009. Alberto César Araújo/Folhapress

71 Plantação de laranjas em Botucatu, interior de São Paulo. O Brasil é o maior produtor de laranjas no mundo, com aproximadamente 25% da produção mundial, estimada em 47.010 toneladas. É seguido por Estados Unidos, China, Índia, México, Egito e Espanha, países que produzem, juntos, cerca de 68% de toda fruta disponível. Botucatu (SP), s/d. Carolia/Getty Images

69|70 Encounter between rivers Negro and Solimões during the rainy season; one of the main touristic attractions in the northern region of Brazil. Manaus (AM), 2009. Alberto César Araújo/Folhapress

71 Orange crops in Botucatu, interior of São Paulo. Brazil is the biggest orange producer in the world, with a share of nearly 25% of global production estimated at 47,010 thousand tons. Brazil is followed by the United States, China, India, Mexico, Egypt and Spain. These countries together account for 68% of global orange production. Botucatu (SP), n/d. Carolia/Getty Images

72

72 Fazenda de plantação de algodão, situada na Serra da Petrovina, em Rondonópolis. O Brasil é o quinto maior produtor do mundo, com mais de 1,8 milhão de toneladas de algodão produzidas na safra recorde de 2011/12. É também o terceiro país exportador e o quinto maior consumidor, com quase 1 milhão toneladas/ano. Rondonópolis (MT), 2004. J. F. Diorio/AE

73 Plantação de soja na região de Maringá, no oeste do Estado do Paraná. Maringá (PR), 2008. Joanne Roriz/AE

72 Cotton plantation estate in Serra da Petrovina, Rondonópolis. Brazil is the fifth producer of cotton in the world, with over 1.8 million tons produced in the 2011/2012 record harvest season. It is also the third cotton exporter and the fifth consumer, with approximately 1 million tons/year. Rondonópolis (MT), 2004. J. F. Diorio/AE

73 Soybean plantation in Maringá, western region of the state of Paraná. Maringá (PR), 2008. Joanne Roriz/AE

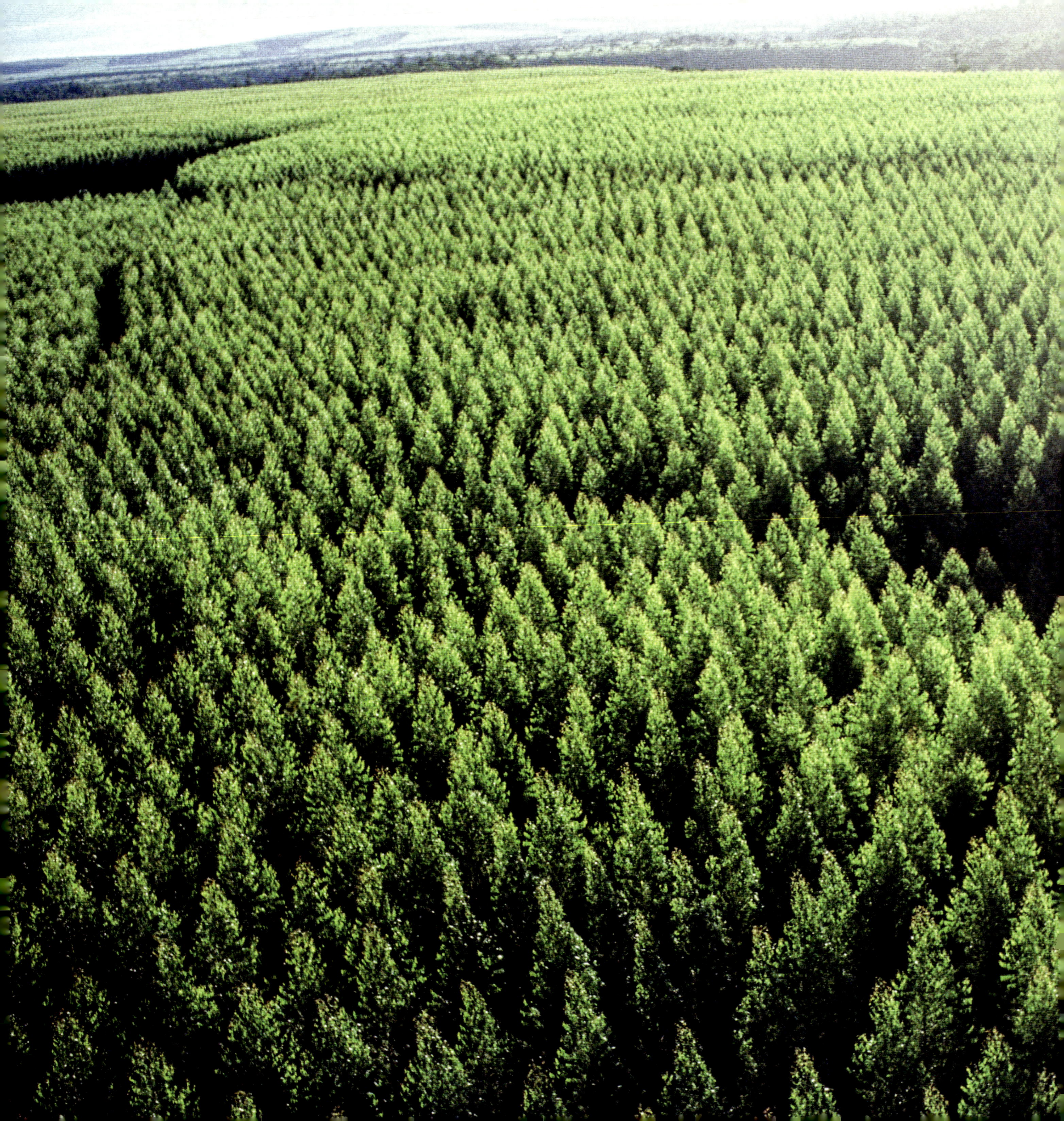

74 Cultivo de eucalipto no sul da Bahia. A palavra eucalipto, originária do grego, significa "verdadeira cobertura" e é a designação vulgar das várias espécies vegetais do gênero *Eucalyptus*. S/L (BA), 2010. Luciano Andrade/AE

74 Eucalyptus plantation in the southern region of Bahia. The word eucalyptus comes from the Greek word meaning "real cover" and it is the common name given to several plant species of the Eucalyptus genus. N/L (BA), 2010. Luciano Andrade/AE

75

75   Rio das Antas visto do Mirante de Veranópolis. Veranópolis (RS), s/d. Débora Faoro/Getty Images

76   Reserva da Jureia, em Peruíbe. Peruíbe (SP), 2000. Juca Varella/Folhapress

75   *Rio das Antas (Antas river) seen from the Mirante de Veranópolis (Veranópolis Observation Deck). Veranópilis (RS), n/d. Débora Faoro/Getty Images*

76   *Jureia Ecological Reserve, in Peruíbe. Peruíbe (SP), 2000. Juca Varella/Folhapress*

77 Aldeia Kuikuro, no Parque Nacional do Xingu. Mato Grosso, 2007. Tiago Queiroz/AE

78 Fornos queimam madeira proveniente da Floresta Amazônica para produção de carvão. Ao lado, uma castanheira-do-brasil ou castanheira-do-pará, que foi poupada durante a derrubada das árvores. Paragominas (PA), 2009. Rodrigo Baleia/AE

77 Kuikuro indigenous community in the Parque Nacional do Xingu (Xingu National Park). Mato Grosso, 2007. Tiago Queiroz/AE

78 Furnaces burning wood from the Amazon Forest to produce charcoal. On the other side, a castanheira-do-brasil or castanheira-do-pará tree (Brazil nut tree), which was not felled. Paragominas (PA), 2009. Rodrigo Baleia/AE

78

79

79   Culturas irrigadas na região de Cristalina, em Goiás. Cristalina (GO), 2008. Dida Sampaio/AE

79   *Irrigated fields in the Cristalina region, Goiás. Cristalina (GO), 2008. Dida Sampaio/AE*

80   Cavalos em fazenda do município de Curuai, às margens do Rio Amazonas, na época da seca. Curuai (PA), 2005. Carlos Silva/AE

80   *Horses on a farm in Curuai, at the banks of the Amazon river, during the dry season. Curuai (PA), 2005. Carlos Silva/AE*

| 81 | Abaixo, plantação de soja em Campo Novo do Paricis. Campo Novo do Paricis (MT), 2011. Eduardo Knapp/Folhapress

| 81 | *Below, soybean plantation in Campo Novo do Paricis. Campo Novo do Paricis (MT), 2011. Eduardo Knapp/Folhapress*

| 82 | Ao lado, Serra do Rio do Rastro, em Bom Jardim da Serra. Bom Jardim da Serra (SC), 2011. Rodrigo Petterson/Folhapress

| 82 | *Right, Serra do Rio do Rastro, a mountain range in Bom Jardim da Serra. Bom Jardim da Serra (SC), 2011. Rodrigo Petterson/Folhapress*

83 Acima, Rio Paraíba, na cidade de Pindamonhangaba, região do Vale do Paraíba. Pindamonhangaba (SP), 2012. Lucas Lacaz Ruiz/ Folhapress

83 *Above, Paraíba river in the city of Pindamonhangaba, Vale do Paraíba region. Pindamonhangaba (SP), 2012. Lucas Lacaz Ruiz/ Folhapress*

84 Ao lado, cavas de areia, na cidade de Pindamonhangaba. Pindamonhangaba (SP), 2012. Lucas Lacaz Ruiz/ Folhapress

84 *Left, sand digs in the city of Pindamonhangaba. Pindamonhangaba (SP), 2012. Lucas Lacaz Ruiz/ Folhapress*

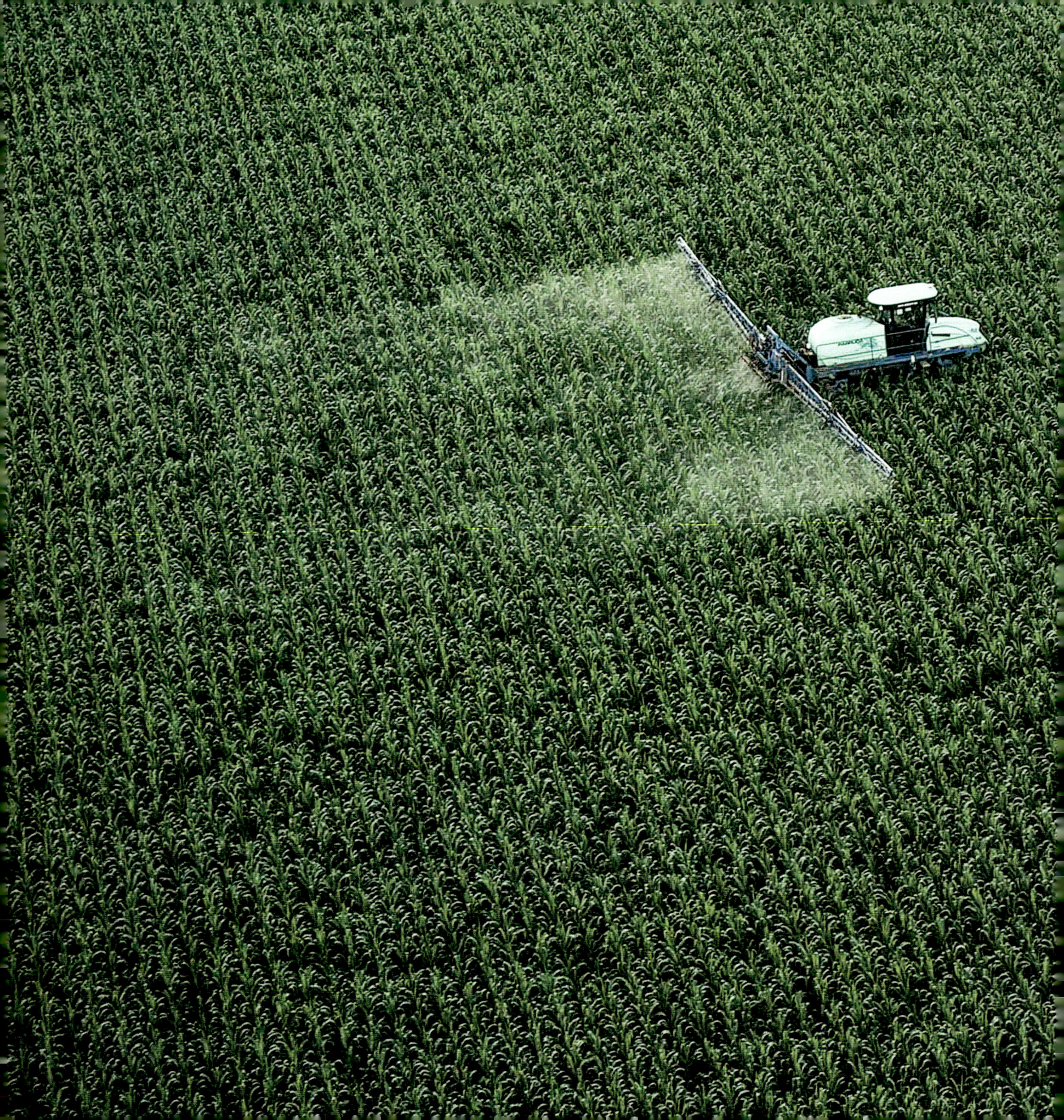

85

86

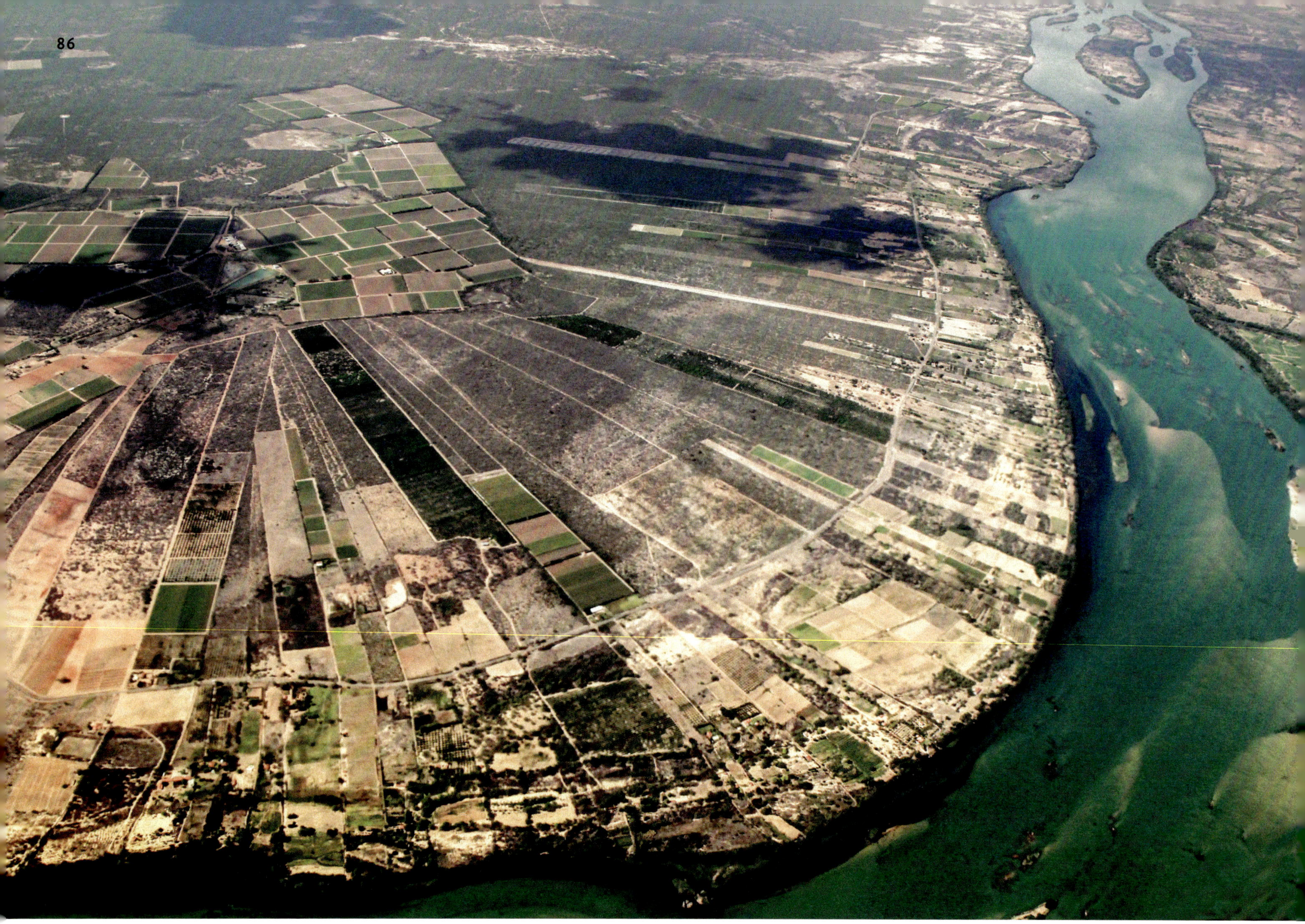

85   Trabalho de pulverização em plantação de milho. O Brasil é o terceiro maior produtor mundial de milho, totalizando 53,2 milhões de toneladas na safra 2009/2010. Cultivado em diferentes sistemas produtivos, o milho é plantado principalmente nas Regiões Centro-Oeste, Sudeste e Sul. O grão é transformado em óleo, farinha, amido, margarina, xarope de glicose e flocos para cereais matinais, e o principal destino da safra são as indústrias de rações para animais. Projeções do Ministério da Agricultura indicam que a produção do grão deverá atingir 70,12 milhões de toneladas na safra 2019/2020. Campo Novo do Paricis (MT), 2011. Eduardo Knapp/Folhapress

86   Plantações no Vale do São Francisco que, graças ao sistema de irrigação das águas do rio, vêm produzindo vinhos de boa qualidade. Petrolina (PE), 2010. Tiago Queiroz/AGE/AE

87   Cultivo de tilápias no Rio São Francisco. Paulo Afonso (BA), 2010. Luciano Andrade/AE

85   Crop spraying in a corn plantation. Brazil is the third largest producer of corn in the world, with a harvest of 53.2 million tons in 2009/2010. Corn is cultivated using a wide range of production systems and mainly planted in the Center-West, Southeast, and South regions of Brazil. The grain is used to make oil, flour, starch, margarine, glucose syrup and breakfast cereal, but it is mainly used as animal feed. The Ministry of Agriculture estimates that grain production will reach 70.12 million tons in the 2019/2020 season. Campo Novo do Paricis (MT), 2011. Eduardo Knapp/Folhapress

86   Plantation in Vale do São Francisco (São Francisco Valley). This region is producing high-quality wines thanks to the river water irrigation system. Petrolina (PE), 2010. Tiago Queiroz/AGE/AE

87   Tilapia fish farm in Rio São Francisco (São Francisco River). Paulo Afonso (BA), 2010. Luciano Andrade/AE

88 Expansão do cultivo de soja. Nova Ubiratã (MT), 2010. Alberto César Araújo/Folhapress

89 Colheita de soja em fazenda localizada na cidade de Tangará da Serra, no Mato Grosso. A soja começou a ser cultivada no Brasil mais amplamente no Rio Grande do Sul, de onde se expandiu para o restante do país, primeiro para Santa Catarina e depois para o Paraná, São Paulo, Minas Gerais e Região Centro-Oeste. Atualmente, é cultivada, praticamente, em todo o território nacional, sendo o principal produto agrícola do país. Tangará da Serra (MT), 2009. Rodolfo Buhrer/AE

88 *Soybean crops. Nova Ubiratã (MT), 2010. Alberto César Araújo/Folhapress*

89 *Soybean crop on a farm in the city of Tangará da Serra, Mato Grosso. Soybean was first cultivated in Brazil in the state of Rio Grande do Sul, and eventually spread to other regions of the country, initially to Santa Catarina followed by Paraná, São Paulo, Minas Gerais and the Center-West region. Soybean is currently cultivated in almost all regions of Brazil and is the country´s main agricultural product. Tangará da Serra (MT), 2009. Rodolfo Buhrer/AE*

89

90   Rebanho de bovinos sendo conduzido para pastagens mais ricas do Pantanal, a maior planície alagável do planeta. A área foi declarada como Reserva da Biosfera pela Unesco. Apresenta-se como uma imensa pastagem nativa, com mata chaquenha, cerradão, cerrado, campo sujo, campo limpo e baías com plantas aquáticas. Mato Grosso do Sul, s/d. Bobby Haas/Getty Images

90   *Cattle being herded to better pastures in the Pantanal, the world's largest tropical wetlands. The area has been declared a World Heritage Site by Unesco. It comprises vast native pastures with dry forests, dry grasslands, low-grass savannas, dense forest savannas, scrublands and bays with water plants. Mato Grosso do Sul, n/d. Bobby Haas/Getty Images*

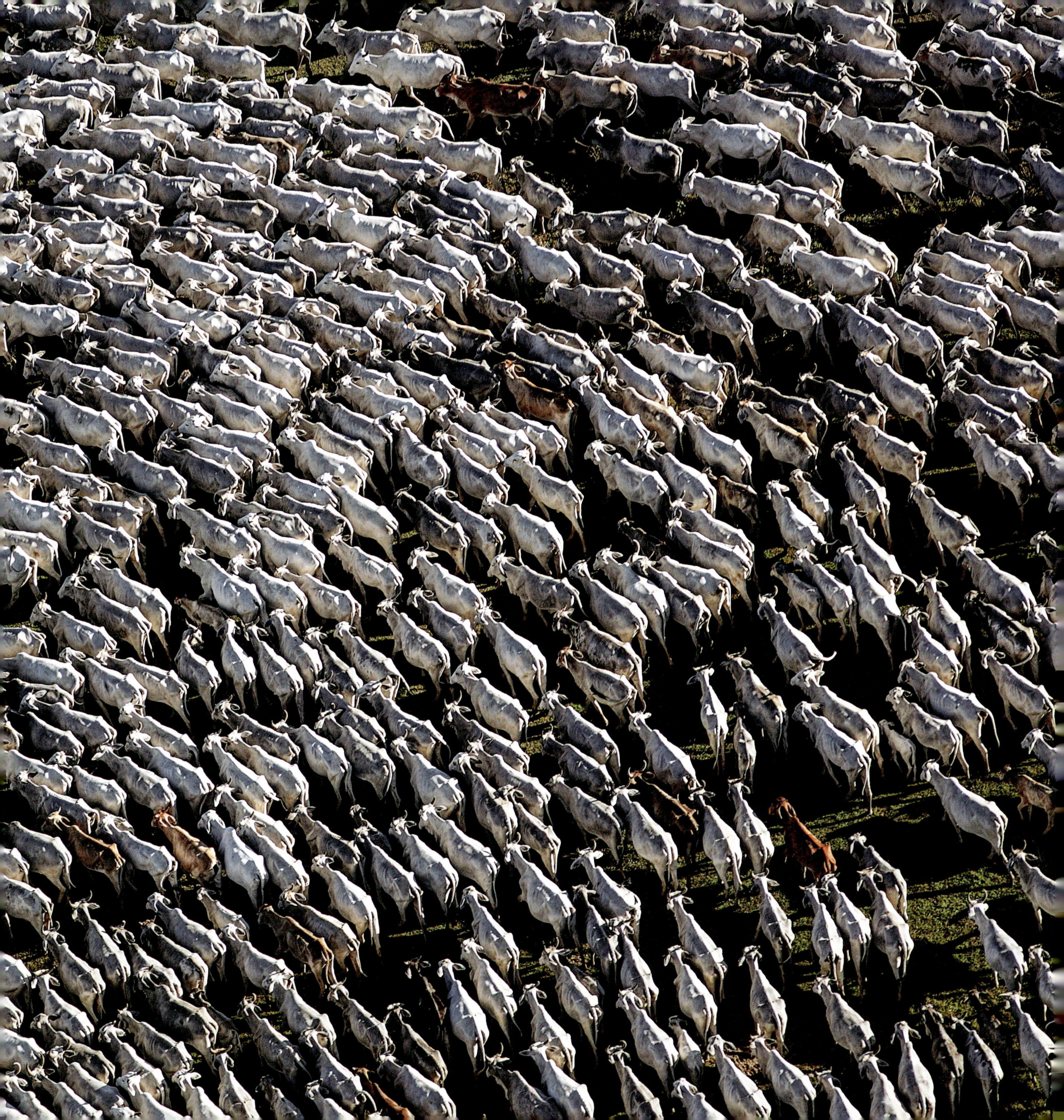

91

91	Cavalos em lagoa rasa do Pantanal. Mato Grosso do Sul, s/d. Bobby Haas/Getty Images	91	*Horses in a shallow lagoon of the Pantanal. Mato Grosso do Sul, n/d. Bobby Haas/Getty Images*
92	Gado em planície inundada no sul do Pantanal. Mato Grosso do Sul, s/d. Bobby Haas/Getty Images	92	*Cattle in the wetlands in the southern region of the Pantanal. Mato Grosso do Sul, n/d. Bobby Haas/Getty Images*

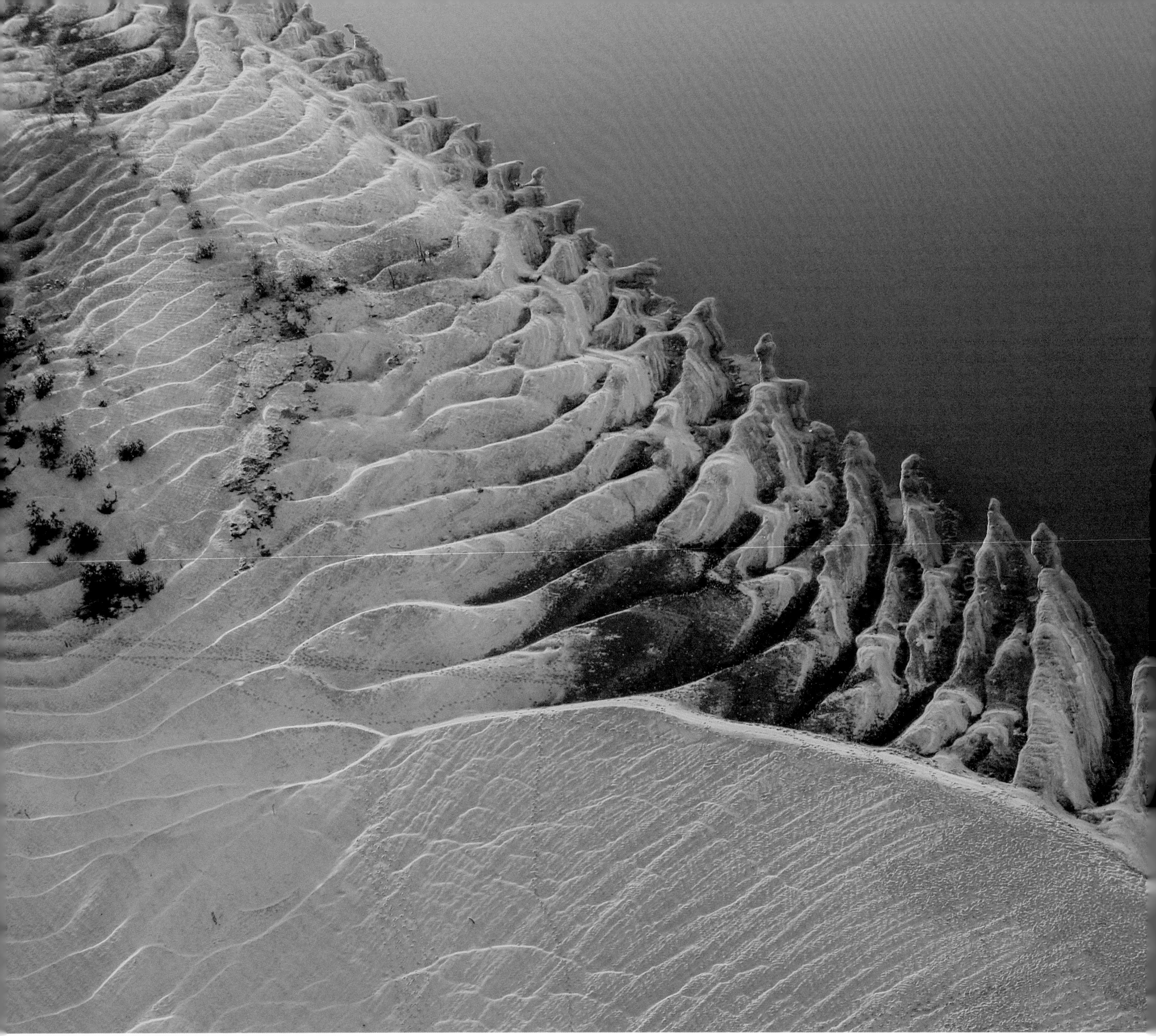

93 Paisagem formada pelo Rio Araguaia, chamado de "rio das araras vermelhas", no idioma tupi. Nasce no Estado de Mato Grosso, no município de Alto Araguaia, na Serra do Caiapó, próximo ao Parque Nacional das Emas. Faz a divisa natural entre os Estados de Goiás, Mato Grosso, Tocantins e Pará. Possui uma extensão de 2.114 km. Durante a seca, nos meses de julho e agosto, formam-se em seu leito ilhas de areia, que são utilizadas como área de acampamento por turistas. Cadastros realizados pela Agência Ambiental de Goiás mostram que mais de 50 mil pessoas passam pelos acampamentos montados entre Aragarças e Luiz Alves (distrito de São Miguel do Araguaia) em Goiás. Mato Grosso do Sul, s/d. Cássio Vasconcellos/SambaPhoto

94 Lavoura de laranja na cidade de Ribeirão Preto. Ribeirão Preto (SP), 2007. Alf Ribeiro/Folhapress

93 Landscape formed by Rio Araguaia (Araguaia river), also called "river of red macaws" in the Tupi language. This river emerges in the state of Mato Grosso, municipality of Alto Araguaia, in Serra do Caiapó near Parque Nacional das Emas. It is a natural border between the states of Goiás, Mato Grosso, Tocantins and Pará, and covers a distance of 2,114 km. During the dry season in the months of July and August, sand islands are formed by the banks of the river. These sand islands are used as camping areas by tourists. Data from Goiás Environmental Agency show that over 50 thousand people stay in the camping grounds between Aragarças and Luiz Alves (district of São Miguel do Araguaia) in Goiás. Mato Grosso do Sul, n/d. Cássio Vasconcellos/SambaPhoto

94 Orange crops in the city of Ribeirão Preto. Ribeirão Preto (SP), 2007. Alf Ribeiro/Folhapress

95 Rio São Francisco, trecho em Paulo Afonso, na Bahia. Popularmente chamado de Velho Chico, o rio nasce na Serra da Canastra, em Minas Gerais, e atravessa os Estados da Bahia, Sergipe, Alagoas e Pernambuco, em seus 2.830 km de extensão, até desaguar no Oceano Atlântico. Paulo Afonso (BA), 2007. Bernardo Gutiérrez/Folhapress

96 Açude Pacajus, construído sobre o leito do Rio Choró, nos municípios de Pacajus e Chorozinho, no Ceará. Açudes são construções destinadas a represar águas de um rio. No Brasil, em especial nas cidades nordestinas, durante a vazante, são utilizados para cultivo após a baixa das águas. Pacajus (CE), 2005. Beto Figueirôa/AE

95 *Stretch of Rio São Francisco (São Francisco river), in Paulo Alfonso, Bahia. Popularly known as Velho Chico (Old Chico), the São Francisco river emerges in the Canastra mountain range, state of Minas Gerais, and crosses the states of Bahia, Sergipe, Alagoas and Pernambuco, covering an area of 2,830 kilometres, to the Atlantic Ocean. Paulo Afonso (BA), 2007. Bernardo Gutiérrez/Folhapress*

96 *Açude Pacajus (Pacajus Weir) built on the bed of Choró river, in the municipalities of Pacajus and Chorozinho, Ceará. Weirs are dams used to divert the flow of river water. In Brazil, especially in the cities of the Northeast, they are used during the dry season for agricultural irrigation. Pacajus (CE), 2005. Beto Figueirôa/AE*

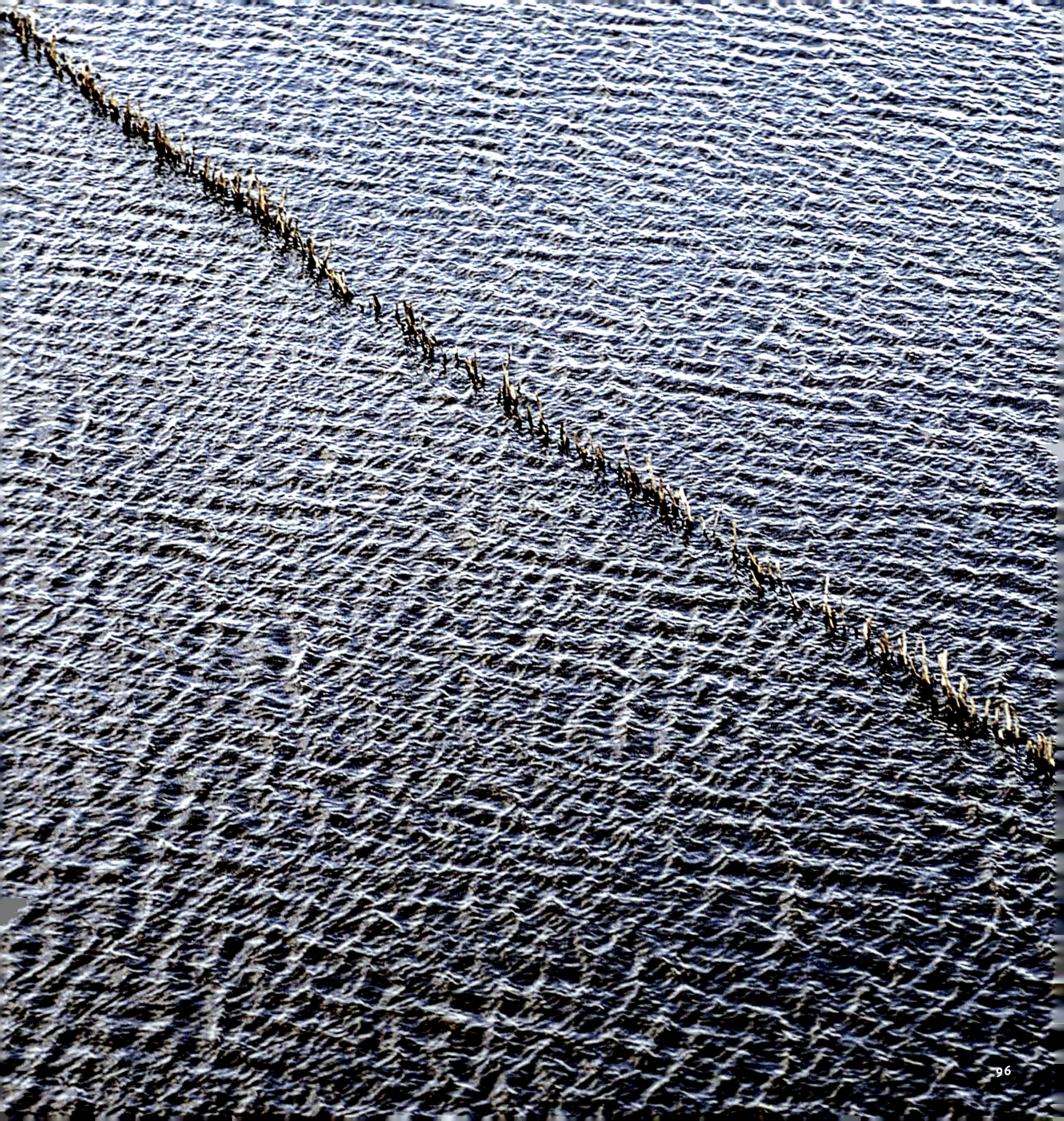

97

97 Praia em Alter-do-Chão, vila turística de Santarém, às margens do Rio Tapajós. Santarém (PA), 2004. Alberto César Araújo/Folhapress

98 Capões de Araucárias, na região de Campos de Cima da Serra, em São Francisco de Paula. A araucária ocorre principalmente na Região Sul do Brasil, mas pode também ser encontrada no leste e sul do Estado de São Paulo, extremo sul do Estado de Minas Gerais, e em pequenos trechos da Argentina e Paraguai. É conhecida por muitos nomes populares, entre eles pinheiro-brasileiro e pinheiro-do-paraná. Curi é também seu nome de origem indígena. A espécie foi inicialmente descrita em 1819. São Francisco de Paula (RS), s/d. Neco Varella/AE

97 *Beach in Alter-do-Chão, tourist village in Santarém, on the banks of the Tapajós river. Santarém (PA), 2004. Alberto César Araújo/Folhapress*

98 *Capões de Araucárias, in the region of Campos de Cima da Serra, São Francisco de Paula. The Araucaria tree is mostly found in the southern region of Brazil, but it can also be found in the eastern and southern regions of the state of São Paulo, in the southernmost region of the state of Minas Gerais and in small areas of Argentina and Paraguay. It is commonly known as Brazilian pine and Paraná pine, among other names, and Curi, which is its indigenous name. The species was first recorded in 1819. São Francisco de Paula (RS), n/d. Neco Varella/AE*

99   Área desmatada para o cultivo de soja. Pará, 2008. Rodrigo Baleia/Folhapress

100   Área de plantio junto com floresta em Nova Ubiratã, região médio-norte de Mato Grosso. Nova Ubiratã (MT), 2005. Fernando Donasci/Folhapress

99   *Deforested area for soybean cultivation. Pará, 2008. Rodrigo Baleia/Folhapress*

100   *Plantation area near a forest in Nova Ubiratã, mid-northern region of Mato Grosso. Nova Ubiratã (MT), 2005. Fernando Donasci/Folhapress*

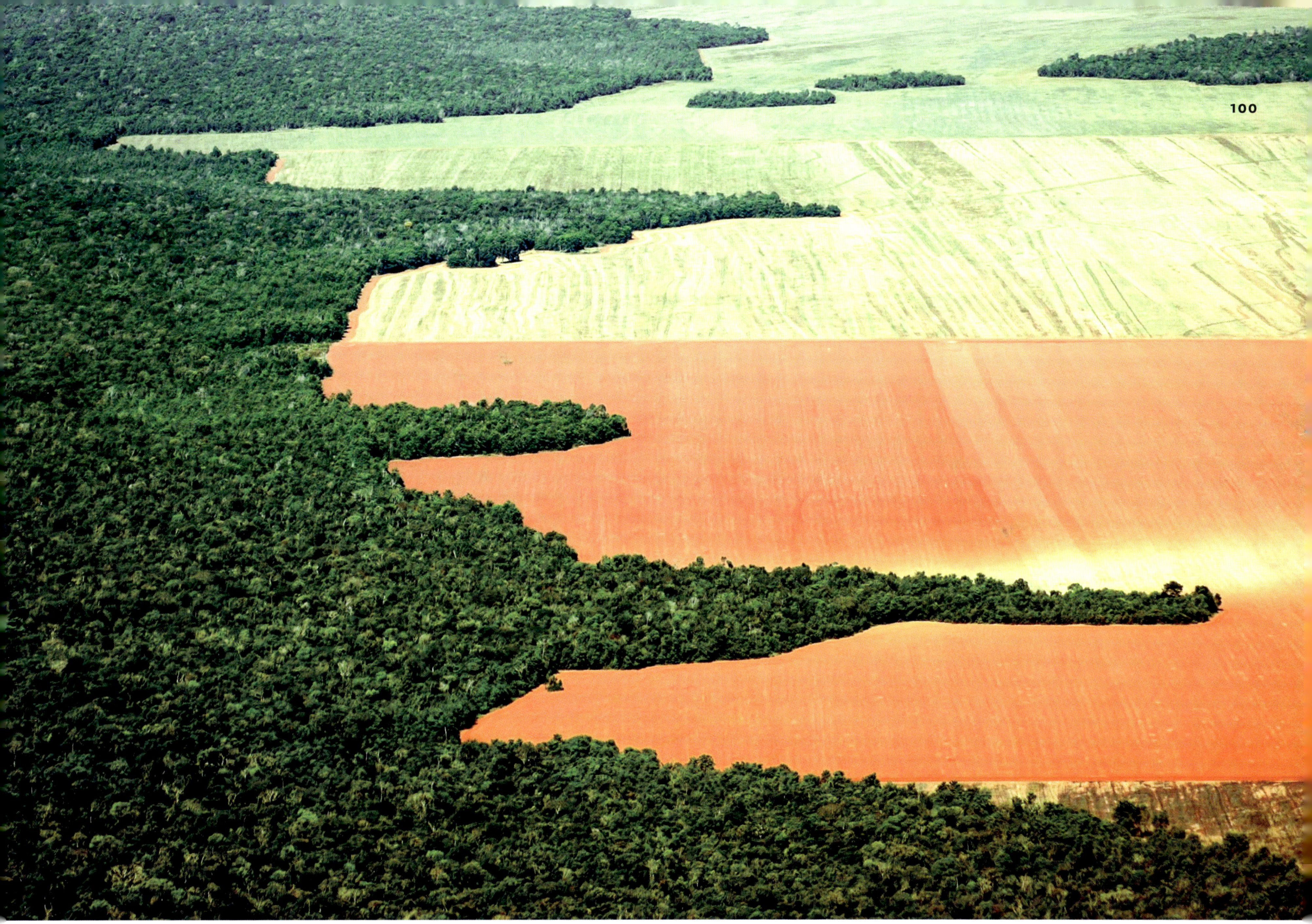

100

101

102

101 Área preparada para o plantio de café, na região de Alfenas, em Minas Gerais. Em 2012, a produção de café no Brasil atingiu o montante de 50,8 milhões de sacas de 60 kg. Além disso, o produto representou 6,7% de todas as exportações brasileiras do agronegócio, que chegaram a aproximadamente 28,7 milhões de sacas de 60 kg, com faturamento de US$ 6,5 bilhões. Os principais destinos das exportações brasileiras de café verde foram Alemanha, Estados Unidos, Itália e Japão. O café solúvel se destinou à Rússia, Estados Unidos, Ucrânia e Japão. E o café torrado e moído foi exportado para os Estados Unidos, Itália, Argentina e Japão. Alfenas (MG), s/d. Marcos Piffer/Getty Images

102 Lagos da região do Pantanal mato-grossense. Mato Grosso, s/d. Frans Lanting/Getty Images

103 Lagos da região do Pantanal mato-grossense. Mato Grosso, s/d. Natphotos/Getty Images

104 Planaltina, cidade-satélite do Distrito Federal. A agricultura e as habitações estão tomando o lugar do cerrado nessa região. Brasília (DF), 2009. Celso Junior/AE

101 Area prepared for planting coffee in the region of Alfenas, Minas Gerais. In 2012, coffee production in Brazil reached 50.8 million 60 kg-bags. Production was responsible for 6.7% of all Brazilian exports, reaching approximately 28.7 million 60-kg bags and revenues of US$ 6.5 billion. The main destinations of Brazilian green coffee beans were Germany, the United States, Italy and Japan. Soluble coffee was shipped to Russia, the United States, the Ukraine and Japan. Roasted and ground coffee is exported to the United States, Italy, Argentina and Japan. Alfenas (MG), n/d. Marcos Piffer/Getty Images

102 Lakes in the region of Pantanal. Mato Grosso, n/d. Frans Lanting/Getty Images

103 Lakes in the region of Pantanal, Mato Grosso. Mato Grosso, n/d. Natphotos/Getty Images

104 Planaltina, satellite city of the Federal District. Agriculture and housing are replacing the cerrado (grasslands) in this region. Brasília (DF), 2009. Celso Junior/AE

104

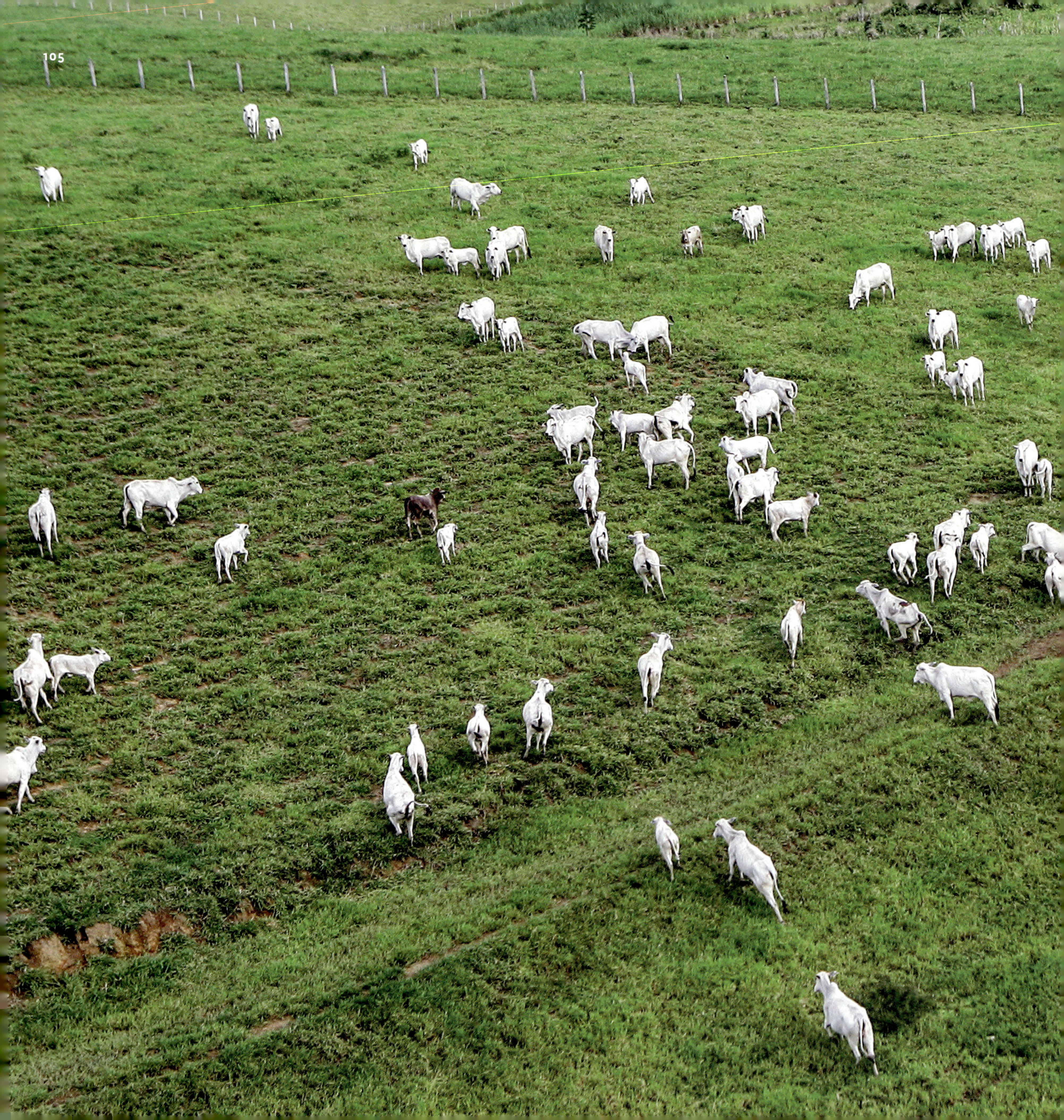

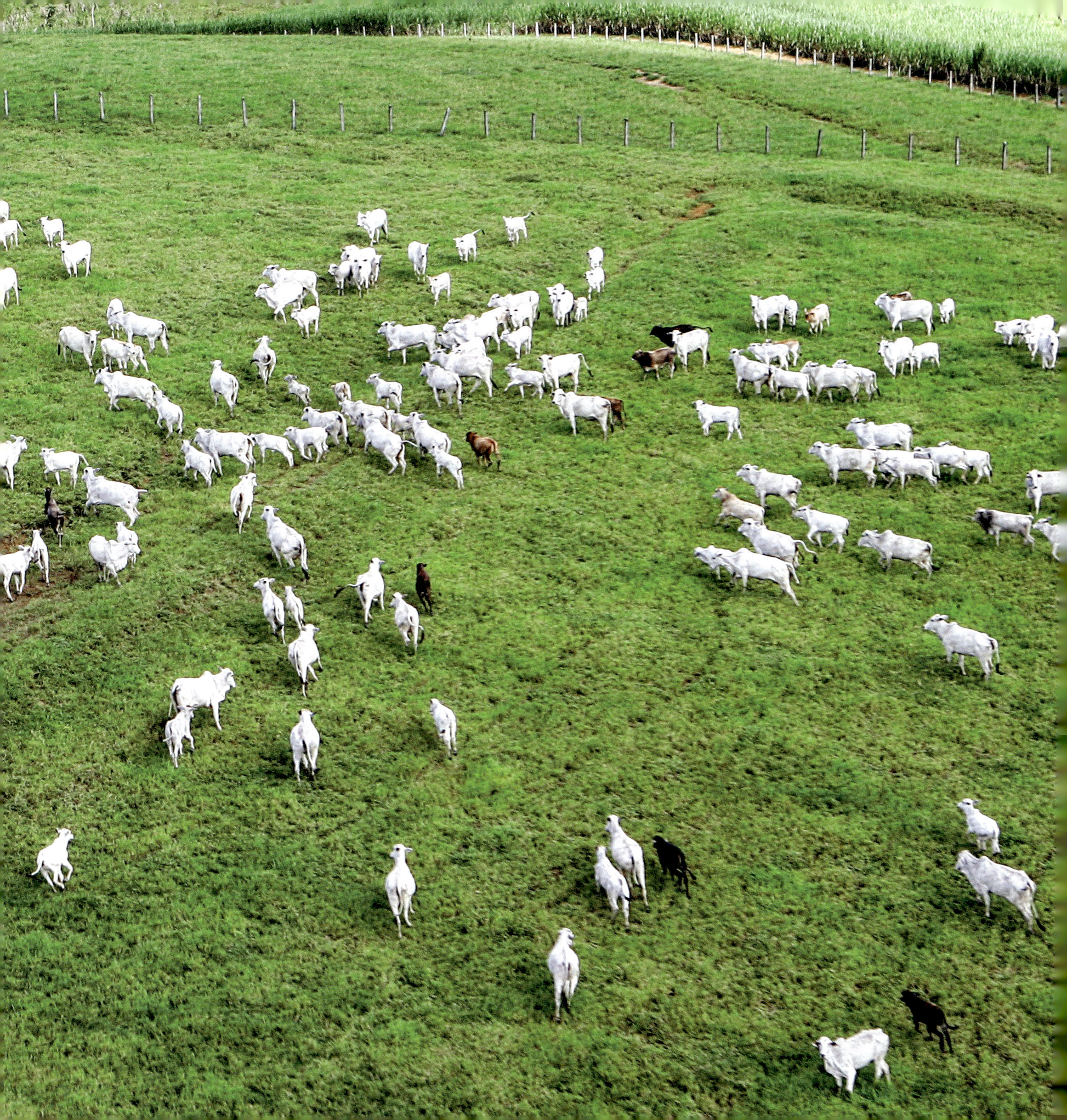

105	Gado em fazenda alagoana. Murici (AL), 2007. Dida Sampaio/AE	105	*Cattle on a farm in Alagoas. Murici (AL), 2007. Dida Sampaio/AE*
106	Campos na região de Campinas, interior de São Paulo. Campinas (SP), s/d. Ricardo Mendonça Ferreira/Getty Images	106	*Fields in the region of Campinas, interior of São Paulo. Campinas (SP), n/d. Ricardo Mendonça Ferreira/Getty Images*
107	Trecho do Rio São Francisco, na Bahia. Bahia, 2010. Luciano Andrade/AE	107	*A stretch of Rio São Francisco (São Francisco river), Bahia. Bahia, 2010. Luciano Andrade/AE*

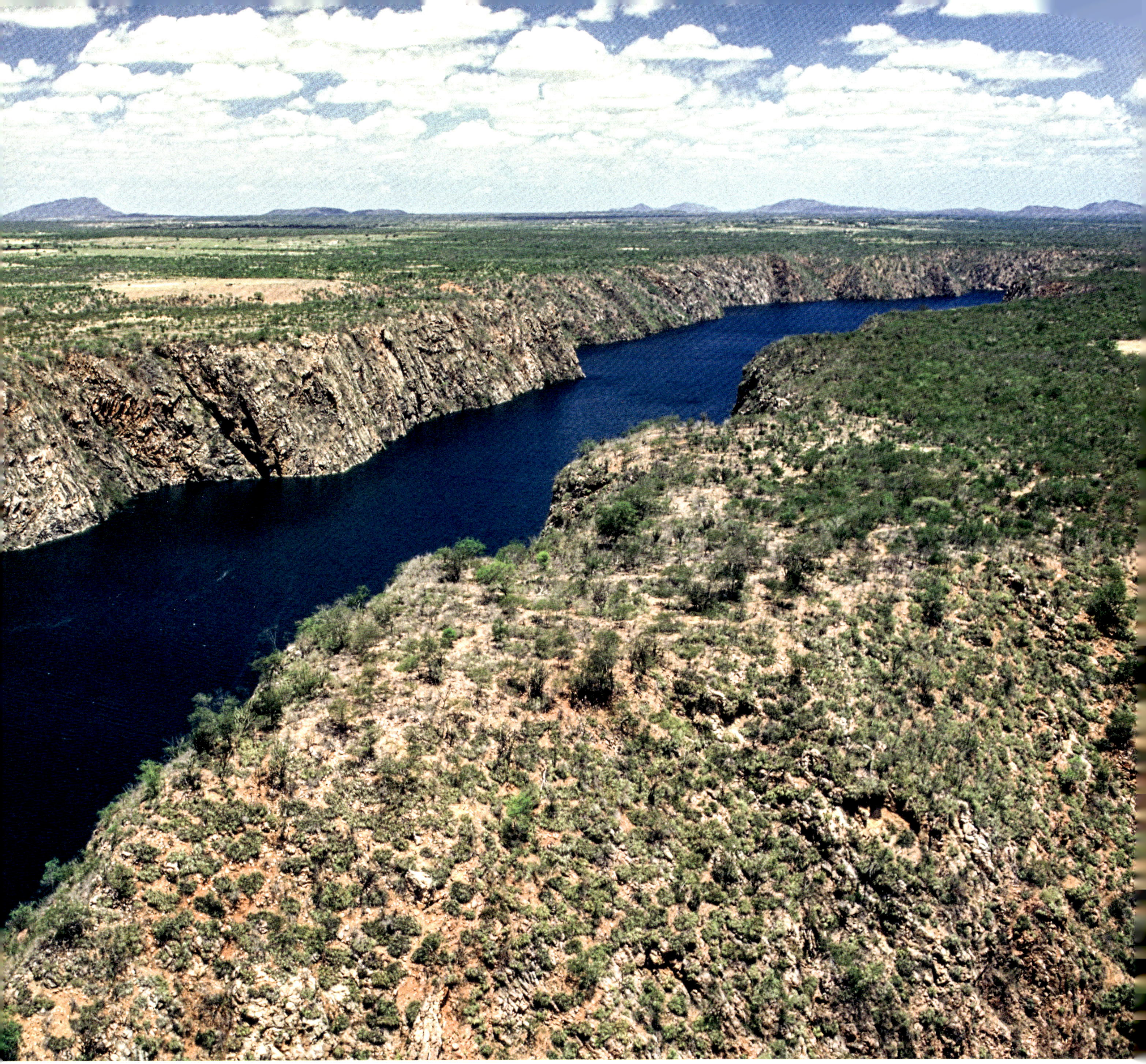

108 Plantações de eucalipto na cidade de Pindamonhangaba, região do Vale do Paraíba. Pindamonhangaba (SP), 2012. Lucas Lacaz Ruiz/Folhapress

108 Eucalyptus plantations in the city of Pindamonhangaba, Vale do Paraíba region. Pindamonhangaba (SP), 2012. Lucas Lacaz Ruiz/Folhapress

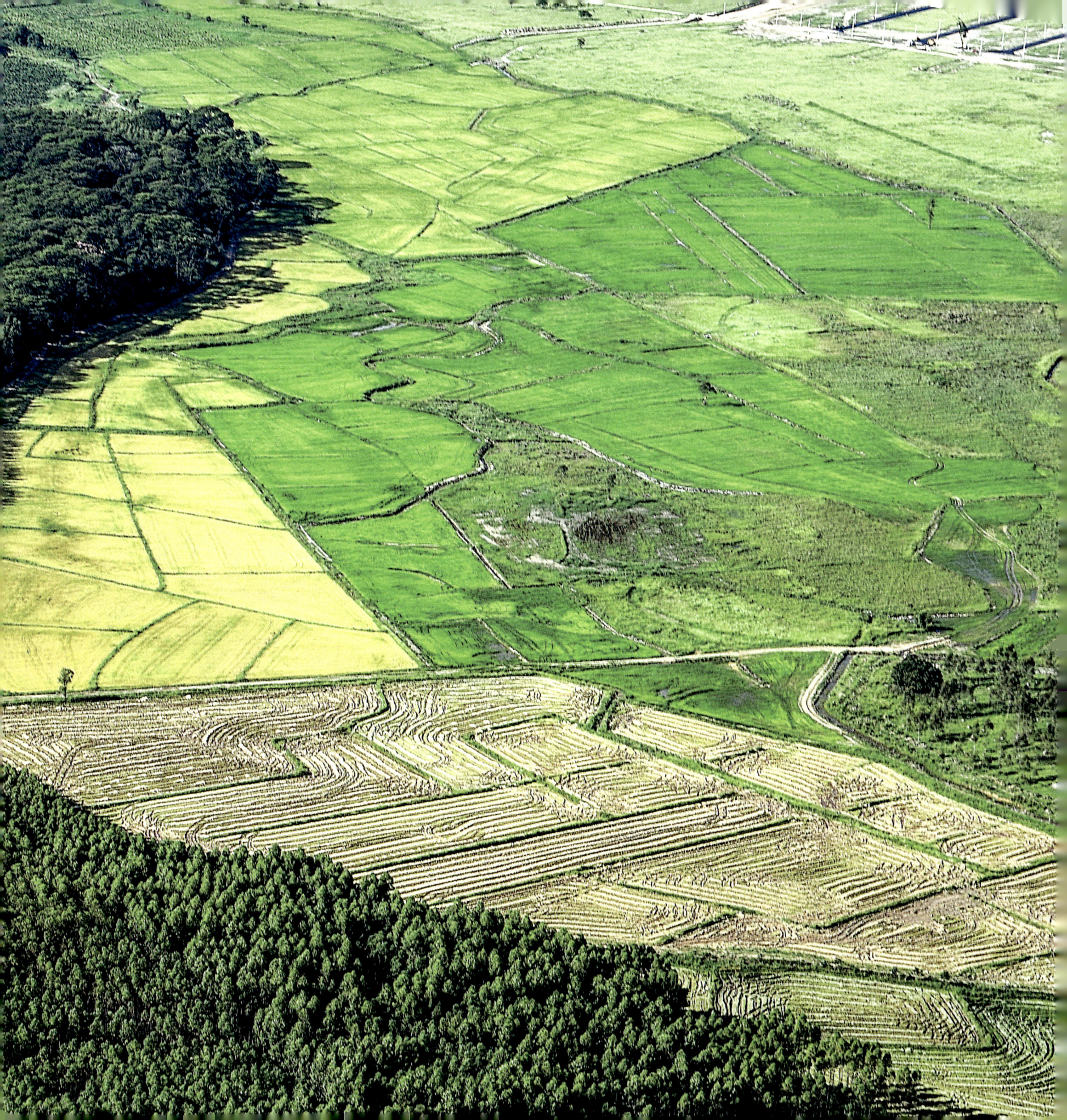

109

109 Represa na Serra do Japi. Jundiaí (SP), 2011. Ricardo Beccari

110 Pescador arremessa rede durante pesca no Delta do Rio Parnaíba, no norte do Piauí. O Delta é formado pelo Rio Parnaíba, que tem 1.485 km de extensão, envolve 73 ilhas fluviais e está situado entre os Estados brasileiros do Maranhão e do Piauí. O Parnaíba é um dos únicos rios do mundo com foz em delta em mar aberto. Piauí, s/d. Aureliano Müller/Folhapress

109 Dam in Serra do Japi. Jundiaí (SP), 2011. Ricardo Beccari

110 A fisherman throws a net while fishing in the Delta of Rio Parnaíba (Parnaíba river), north of the state of Piauí. The Delta is formed by the Parnaíba river, which is 1,485 km long, and 73 fluvial islands. It is located between the Brazilian states of Maranhão and Piauí. Parnaíba is one of the few rivers in the world with an open-sea delta. Piauí, n/d. Aureliano Müller/Folhapress

Capítulo 4
CHAPTER 4

Praias e natureza
BEACHES AND NATURE

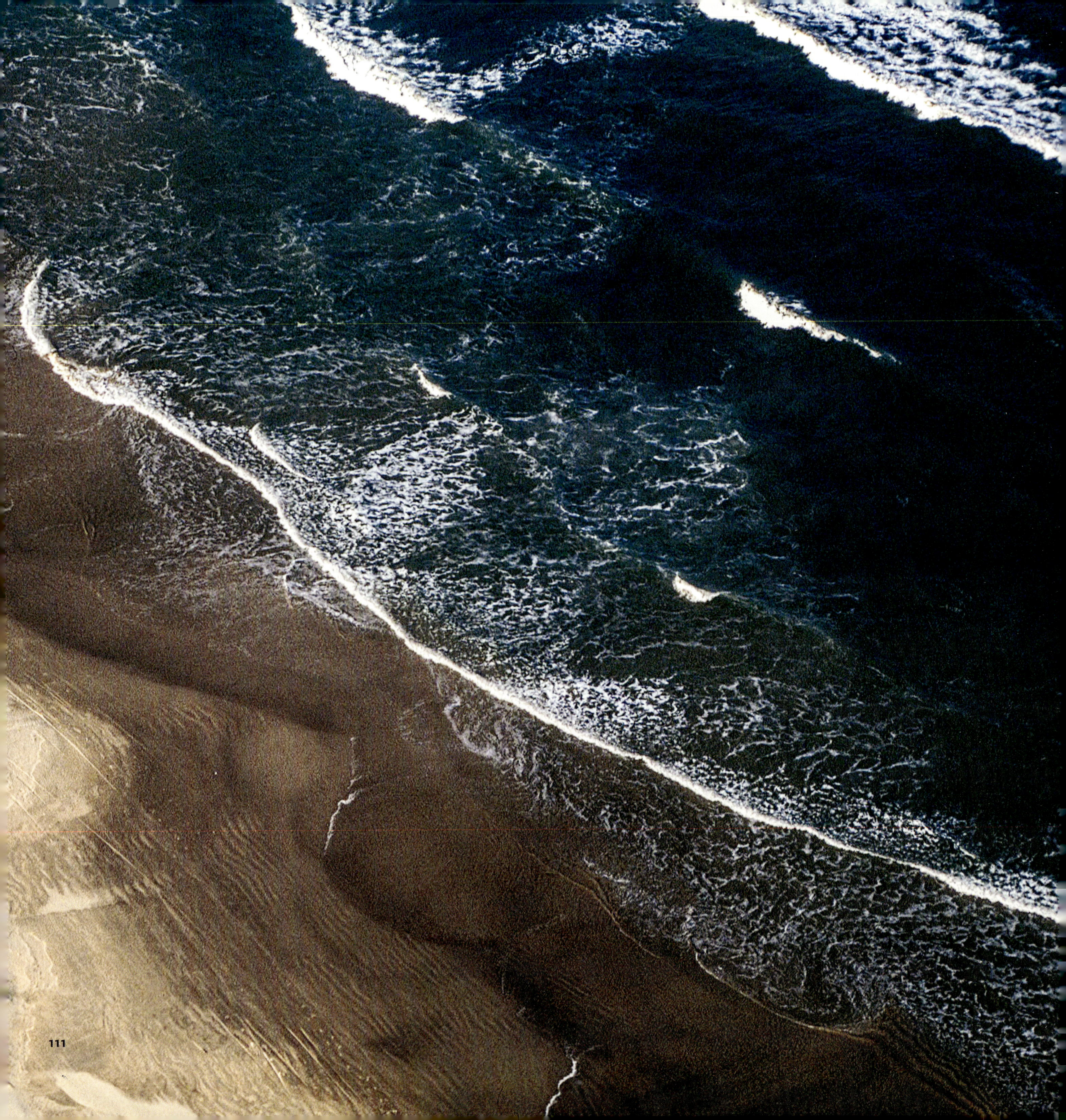

111 Praia do Rosa, que fica no centro da Região das Lagoas, 90 km ao sul de Florianópolis. Imbituba (SC), 2000. Rodrigo Baleia/Folhapress

112 Dunas do Parque Nacional dos Lençóis Maranhenses, unidade de conservação brasileira de proteção integral à natureza, localizada na região nordeste do Estado do Maranhão. O território do parque, com uma área de 156.584 ha, está distribuído pelos municípios de Barreirinhas, Primeira Cruz e Santo Amaro do Maranhão. Barreirinhas (MA), s/d. Felipe Goifman/Getty Images

111 Praia do Rosa (Rosa Beach), in the center of Região das Lagoas (Lake District), 90 km south of Florianópolis. Imbituba (SC), 2000. Rodrigo Baleia/ Folhapress

112 Dunes in Parque Nacional dos Lençóis Maranhenses (Lençóis Maranhenses National Park), a Brazilian nature conservation unit in the northeastern region of the state of Maranhão. The nature park covers an area of 156,584 ha., in the municipalities of Barreirinhas, Primeira Cruz and Santo Amaro do Maranhão. Barreirinhas (MA), n/d. Felipe Goifman/Getty Images

113

113 Praia do Bonete, localizada em Ilhabela, litoral norte do Estado de São Paulo. Ilhabela (SP), 2007. Bia Fanelli/Folhapress

114 Barco a vela navega pelo mar de Caburé, no Parque Nacional dos Lençóis Maranhenses. Maranhão, s/d. Meireles Jr/Folhapress

113 Praia do Bonete (Bonete Beach), in Ilhabela, on the north coast of São Paulo. Ilhabela (SP), 2007. Bia Fanelli/Folhapress

114 Boat sailing on the Caburé sea in the Parque Nacional dos Lençóis Maranhenses (Lençóis Maranhenses National Park). Maranhão, n/d. Meireles Jr/Folhapress

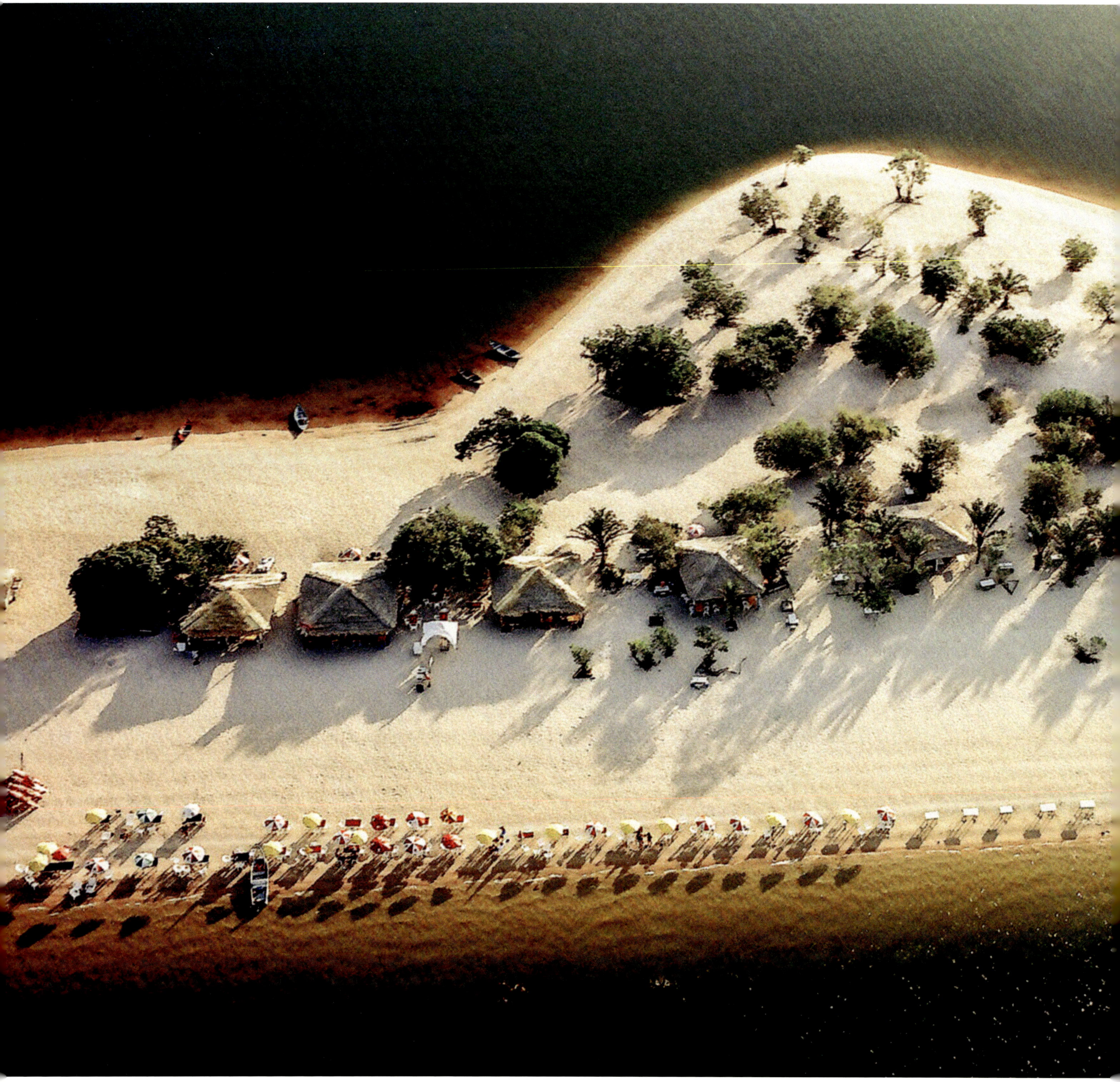

115 Praia de Alter-do-Chão, distrito administrativo do município de Santarém, no Estado do Pará. Localizada na margem direita do Rio Tapajós, foi chamada, pelo jornal inglês *The Guardian*, de "Caribe Brasileiro". Fundada em 1758, Alter-do-Chão foi, até o século XIX, aldeia dos índios guarari, que se dedicavam às atividades religiosas e ao extrativismo. Santarém (PA), s/d. Ricardo Lima/Getty Images

115 Beach in Alter-do-Chão, administrative district of the municipality of Santarém, in the state of Pará. Alter-do-Chão is located on the right bank of the Tapajós river and was named 'Brazilian Caribbean' by the British newspaper, The Guardian. Founded in 1758, Alter-do-Chão was a village of guarani indians until the 19th century, and was mainly dedicated to religious activities and mining. Santarém (PA), n/d. Ricardo Lima/Getty Images

116 Morro de São Paulo. Bahia, s/d. Franck Guiziou — Hemis.Fr/ Getty Images

116 *Morro de São Paulo. Bahia, n/d. Franck Guiziou — Hemis.Fr/ Getty Images*

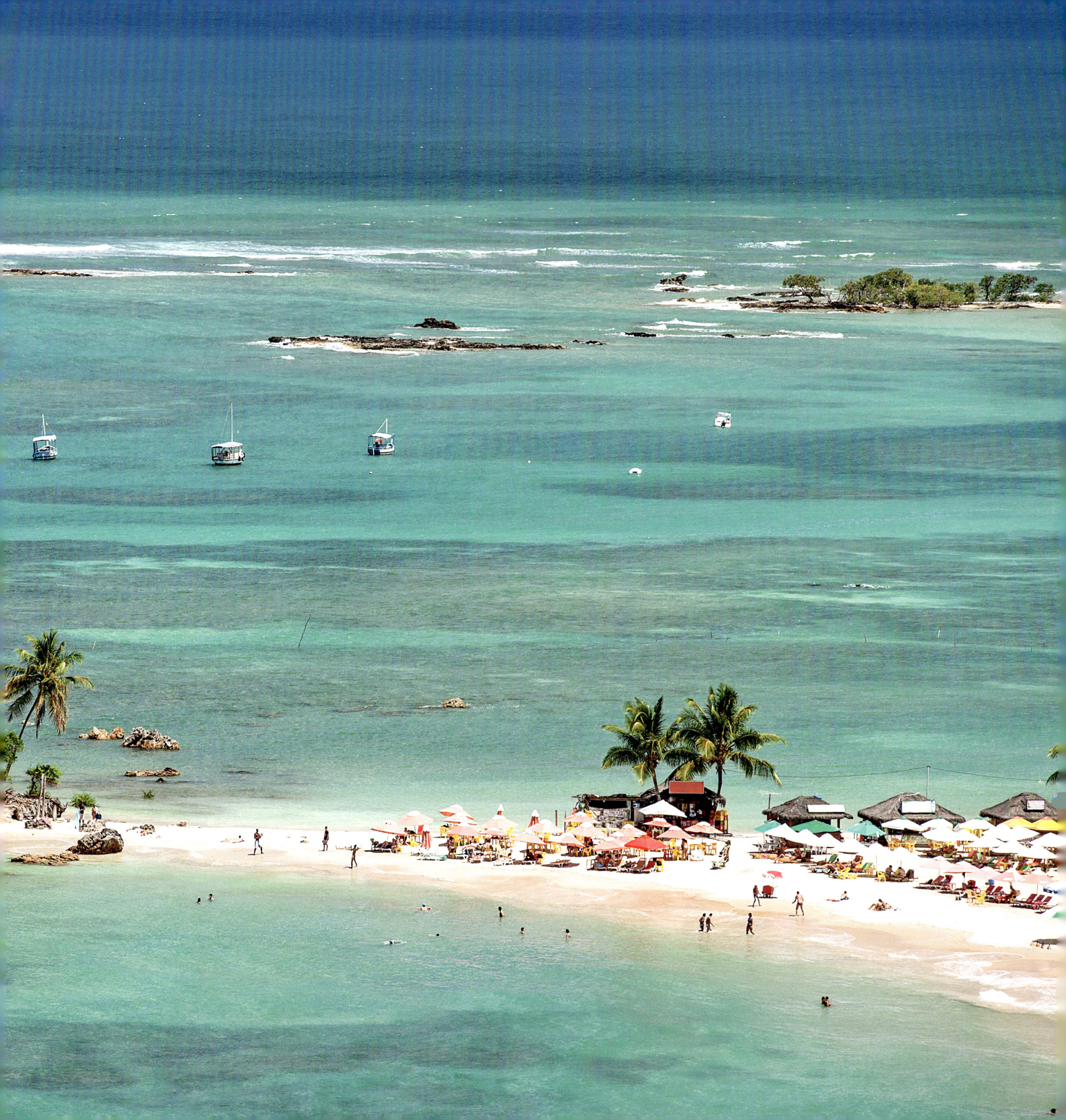

117

117 Pôr do sol em Fernando de Noronha. Fernando de Noronha (PE), s/d. Aureliano Müller/Folhapress

118 Foz do Rio Preguiças, no Maranhão. Maranhão, 2007. Rubens Chaves/Folhapress

117 Sunset in Fernando de Noronha. Fernando de Noronha (PE), n/d. Aureliano Müller/Folhapress

118 Mouth of the Preguiças river in the state of Maranhão. Maranhão, 2007. Rubens Chaves/Folhapress

119

120

119 Arco-íris formado na cachoeira da Fumaça, na Chapada Diamantina. Bahia, 2011. Ricardo Kuehn/Folhapress

119 Rainbow in the Fumaça waterfalls, Chapada Diamantina. Bahia, 2011. Ricardo Kuehn/Folhapress

120 Rio Juruá, na selva amazônica brasileira. Amazonas, 2010. Odair Leal/Folhapress

120 Juruá river in the Amazon rainforest. Amazonas, 2010. Odair Leal/Folhapress

121 Cardume em Bonito. Bonito (MS), s/d. Cássio Vasconcellos/SambaPhoto

122 Barcos na marina de Angra dos Reis. Angra dos Reis (RJ), s/d. Superstudio/Getty Images

121 A school of fish in Bonito. Bonito (MS), n/d. Cássio Vasconcellos/SambaPhoto

122 Boats in the marina of Angra dos Reis. Angra dos Reis (RJ), n/d. Superstudio/Getty Images

122

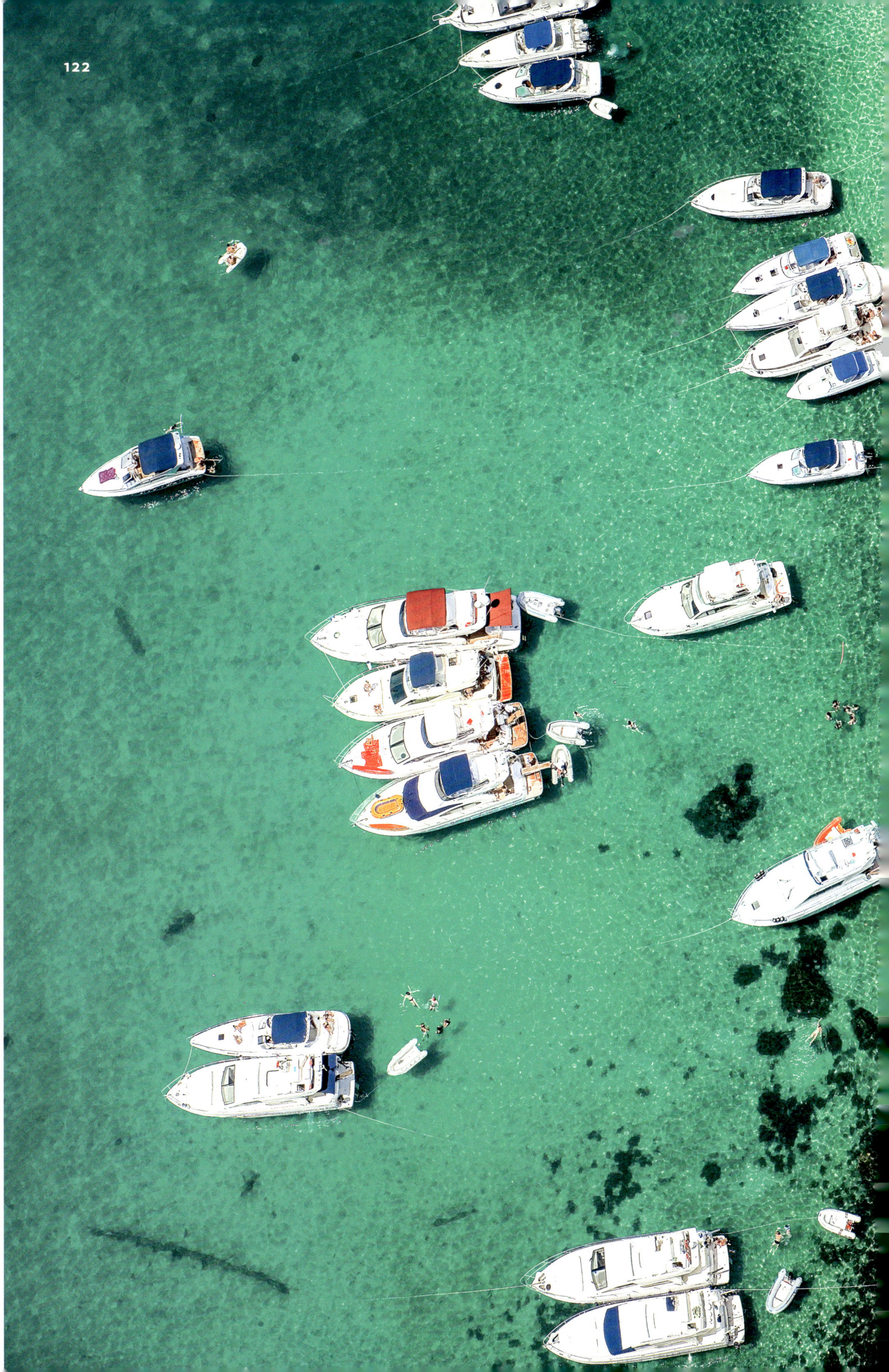

123 Rio São Francisco margeando a cidade de Piranhas. Piranhas (AL), s/d. Geyson Magno/SambaPhoto

123 São Francisco river flanking the city of Piranhas. Piranhas (AL), n/d. Geyson Magno/SambaPhoto

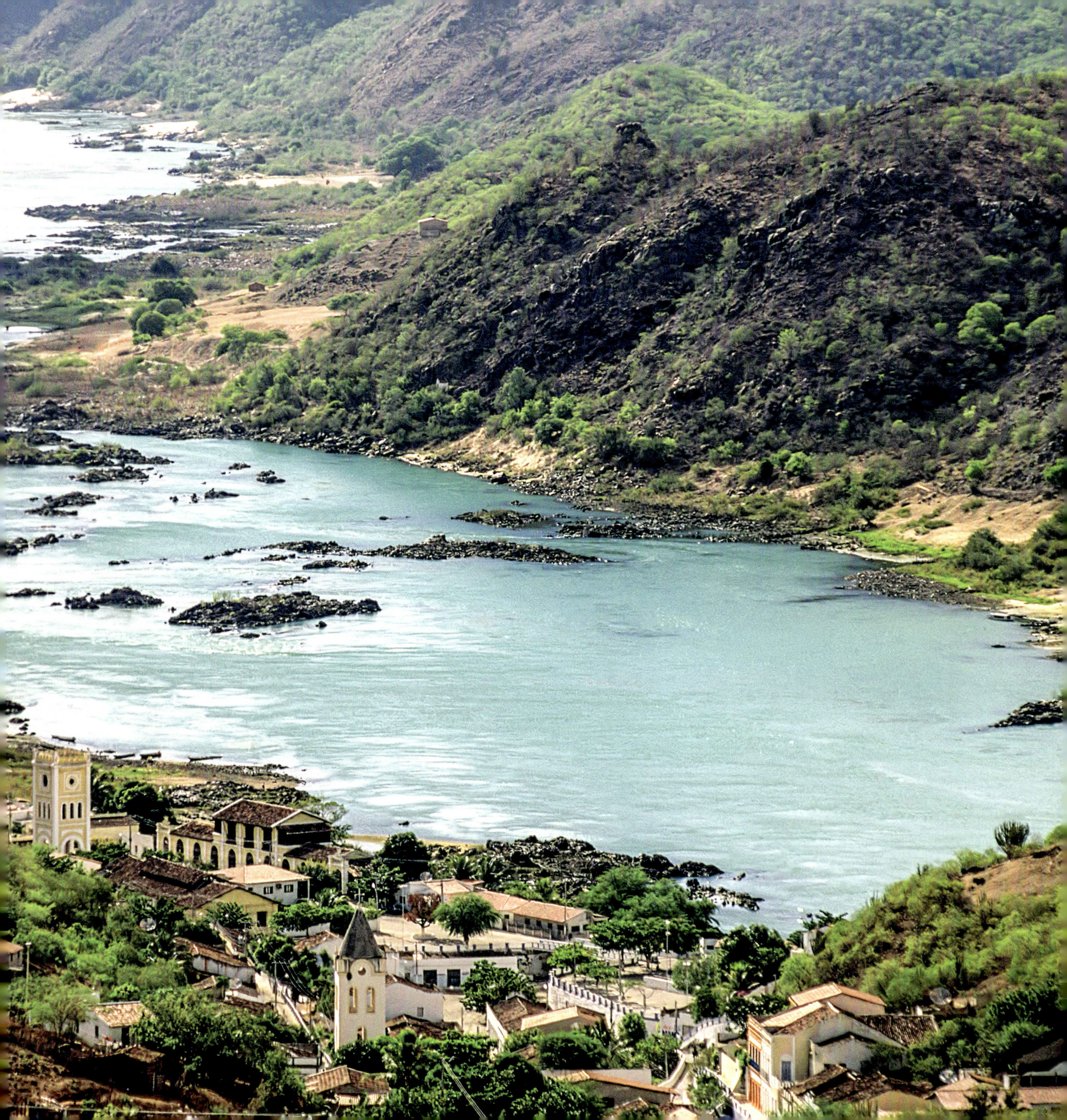

124

124 Platô do Cânion de Aparados. São José dos Ausentes (RS). Luis Veiga/Getty Images

125 Mar de Caraguatatuba, litoral norte de São Paulo. Caraguatatuba (SP), s/d. Jam Farhat Photos/Getty Images

124 Plateau of Aparados Canyon. São Jose dos Ausentes (RS), Luis Veiga/Getty Images

125 Caraguatatuba sea, in the north coast of São Paulo. Caraguatatuba (SP), n/d. JAM Farhat Photos/Getty Images

126

126 Parque Nacional dos Lençóis Maranhenses. Barreirinhas (MA), s/d. Felipe Goifman/ Getty Images

127 Vitória-régia, planta aquática típica da região amazônica. Possui uma grande folha em forma de círculo, que fica sobre a superfície da água, e pode chegar a ter até 2,5 metros de diâmetro. Amazonas, s/d. Cássio Vasconcellos/SambaPhoto

126 Parque Nacional dos Lençóis Maranhenses (Lençóis Maranhenses National Park). Barreirinhas (MA), n/d. Felipe Goifman/ Getty Images

127 Water lily, an aquatic plant commonly found in the Amazon region. It has a large circular leaf that floats on the water surface and can measure up to 2.5 meters in diameter. Amazonas, n/d. Cássio Vasconcellos/SambaPhoto

128

129

128 Ilha da Gipoia, em Angra dos Reis. Angra dos Reis (RJ), s/d. Carolia/Getty Images

129 Lençóis Maranhenses. Barreirinhas (MA), 2007. Rubens Chaves/Folhapress

128 Ilha da Gipóia (Gipóia island) in Angra dos Reis. Angra dos Reis (RJ), n/d. Carolia/Getty Images

129 Lençóis Maranhenses (Water tables of Maranhão). Barreirinhas (MA), 2007. Rubens Chaves/Folhapress

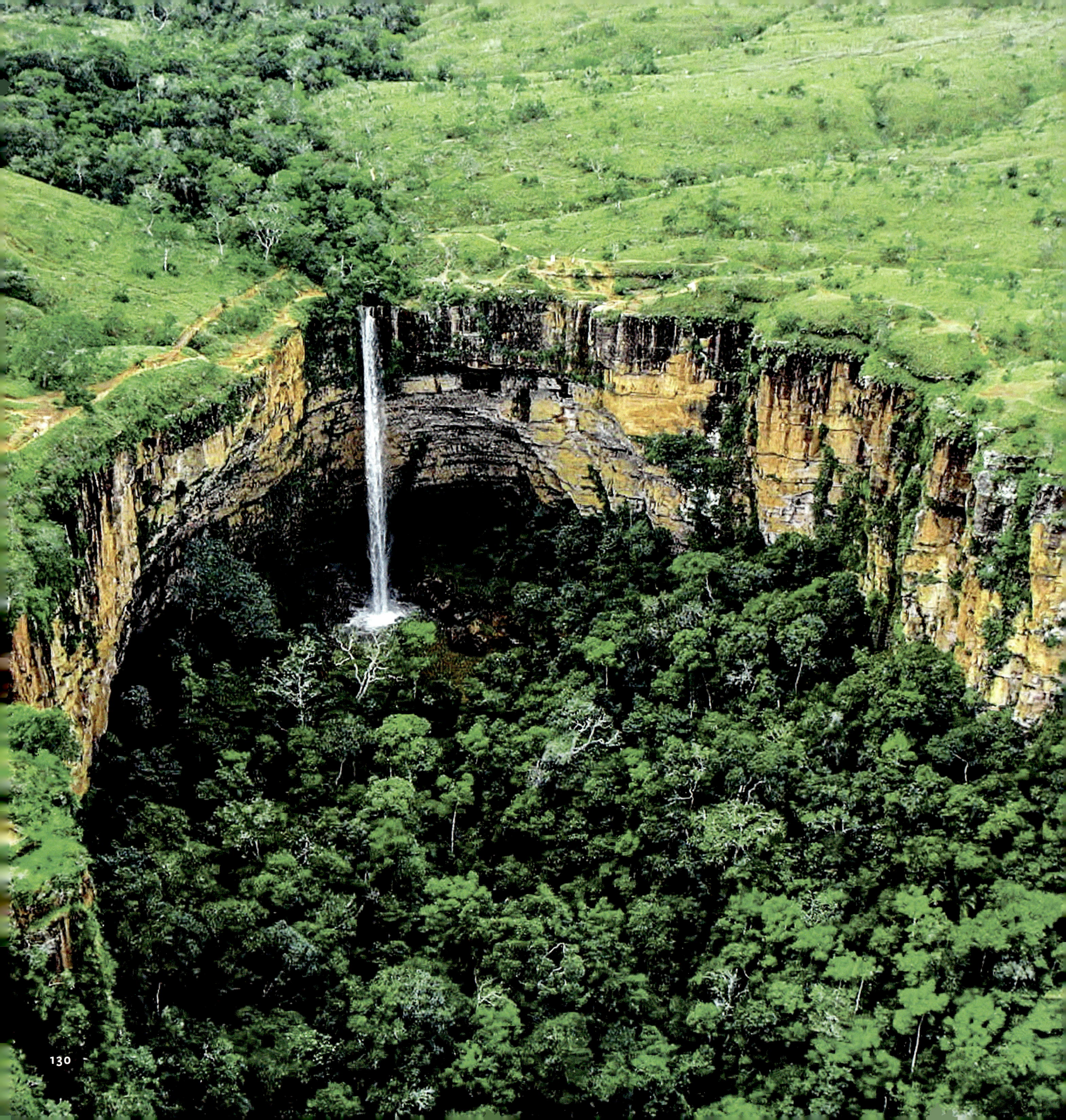

130   Cachoeira Véu da Noiva, na Chapada dos Guimarães, em Mato Grosso. Chapada dos Guimarães (MT), 2002. Marcos Bergamasco/Folhapress

131   Praia do Forte, no município baiano de Mata de São João, a cerca de 50 km de Salvador. Uma das principais atrações do local é a sede do Projeto Tamar, organização voltada para a preservação e o estudo das tartarugas marinhas. Mata de São João (BA), 2004. João Pires/Folhapress

130   *Véu da Noiva waterfall in Chapada dos Guimarães, Mato Grosso. Chapada dos Guimarães (MT), 2002. Marcos Bergamasco/Folhapress*

131   *Praia do Forte in the municipality of Mata de São João, Bahia, 50km from Salvador. One of the main tourist attractions of this location is the Tamar project headquarters, an organization that focuses on the protection and study of sea turtles. Mata de São João (BA), 2004. João Pires/Folhapress*

132　Praia de Pipa, localizada no município de Tibau do Sul, a 85 km de Natal, capital do Estado do Rio Grande do Norte. É o principal balneário do litoral sul do Estado, que inclui ainda Ponta do Madeiro e Praia do Amor. Tibau do Sul (RN), s/d. Lumiar/Getty Images

132　Praia de Pipa (Pipa Beach) in the municipality of Tibau do Sul, 85 km from Natal, the capital city of Rio Grande do Norte. It is the main seaside resort on the south coast of the state, and includes Ponta do Madeiro and Praia do Amor. Tibau do Sul (RN), n/d. Lumiar/Getty Images

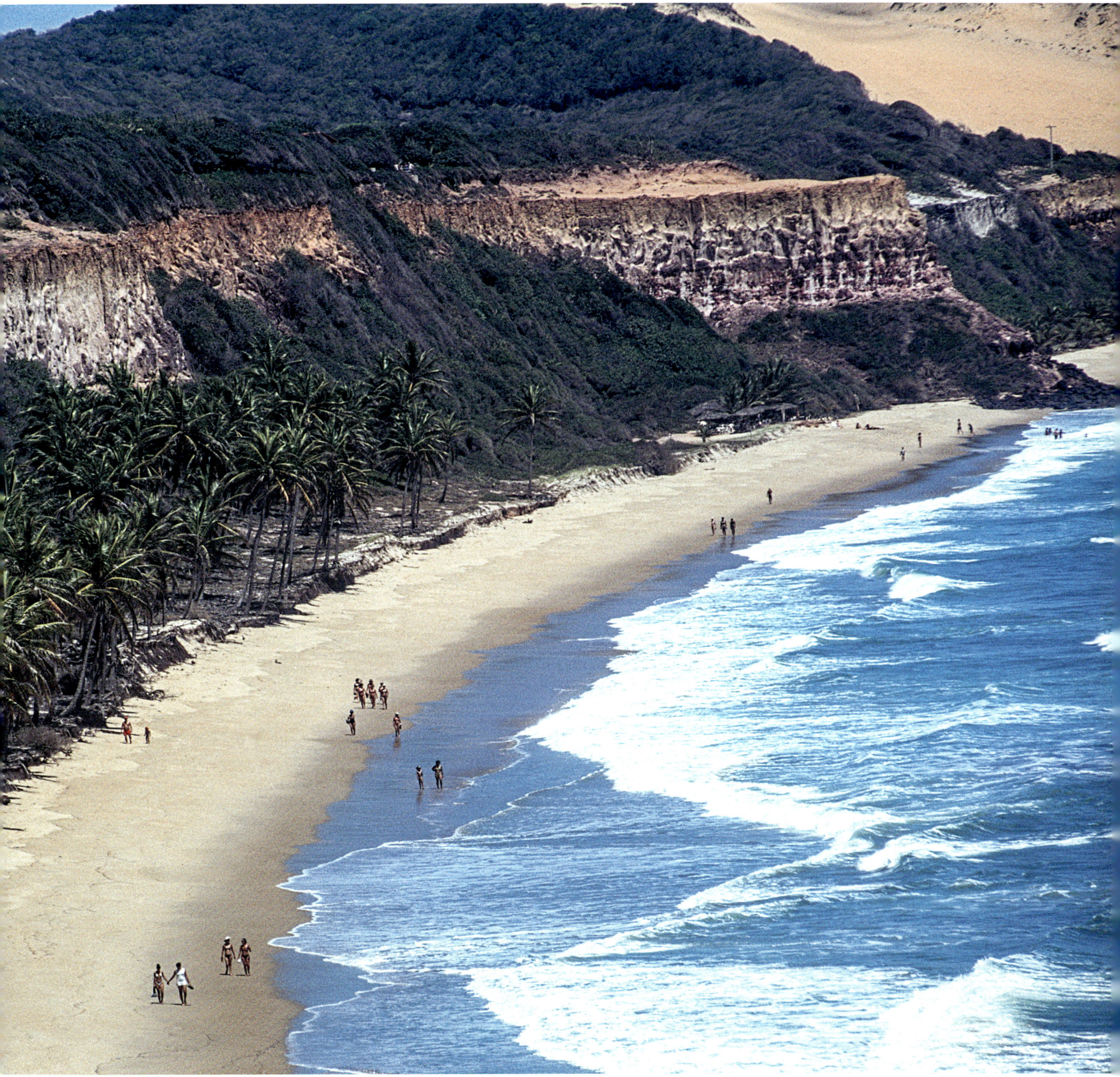

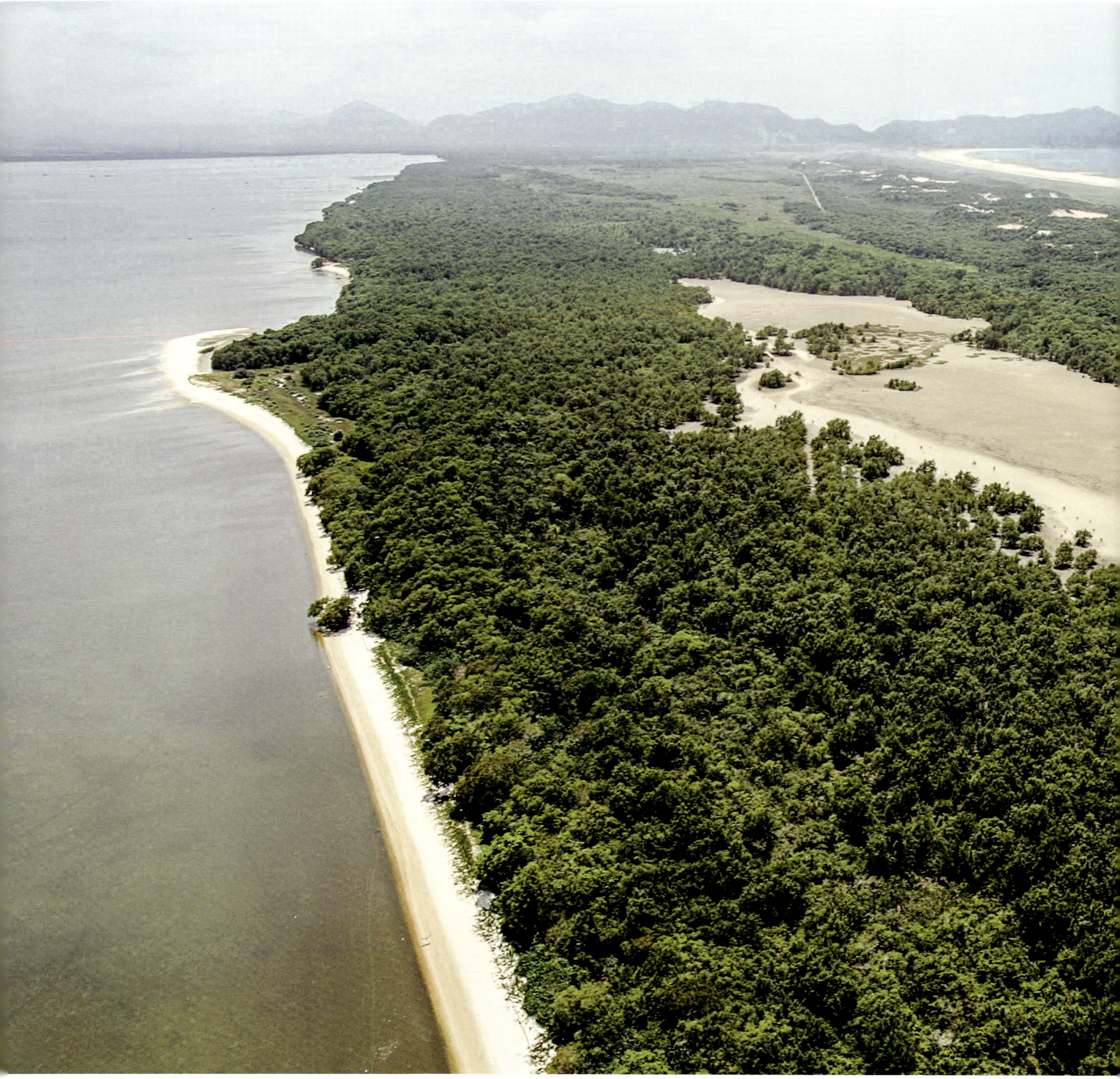

133 Restinga de Marambaia, no litoral sul fluminense. Administrada pela Marinha do Brasil, faz parte do território de três municípios: Rio de Janeiro, Itaguaí e Mangaratiba. Possui ao todo 42 quilômetros de praias e uma área total de 81 km². Separa-se do continente pelo Canal do Bacalhau, em Barra de Guaratiba, no município do Rio de Janeiro. Rio de Janeiro, 2005. Marcos de Paula/AE

133 Restinga de Marambaia (Marambaia sandbank) on the south coast of Rio de Janeiro. It is run by the Brazilian Navy and is part of the municipalities of Rio de Janeiro, Itaguaí and Mangaratiba. It has 42 km of beaches and an area of 81 square km. Canal do Bacalhau, in Barra de Guaratiba, Rio de Janeiro, separates the sandbank from the mainland. Rio de Janeiro, 2005. Marcos de Paula/AE

134

134 Trilha na Serra da Canastra, em São Roque de Minas. Serra da Canastra (MG), 2005. Evandro Rocha/Folhapress

135 Monte Roraima localizado na tríplice fronteira entre Brasil, Venezuela e Guiana. Constitui um tipo de monte em formato de mesa, bastante característico do Planalto das Guianas. A região é protegida pelo Parque Nacional do Monte Roraima. Seu ponto culminante eleva-se no extremo sul, no Estado venezuelano de Bolívar, a 2.810 metros de altura. Foi escalado pela primeira vez em 1884, por uma expedição britânica. Roraima, s/d. Getty Images

134 Trail along Serra da Canastra, a mountain range in São Roque de Minas. Serra da Canastra (MG), 2005. Evandro Rocha/Folhapress

135 Monte Roraima sits on the three borders that separate Venezuela, Brazil and Guyana. The region is protected by Parque Nacional do Monte Roraima (Monte Roraima National Park). Its peak is in the far south, in the Venezuelan state of Bolívar, reaching a height of 2,810 meters and it was scaled for the first time in 1884 by a British expedition. Roraima, n/d. Getty Images

136

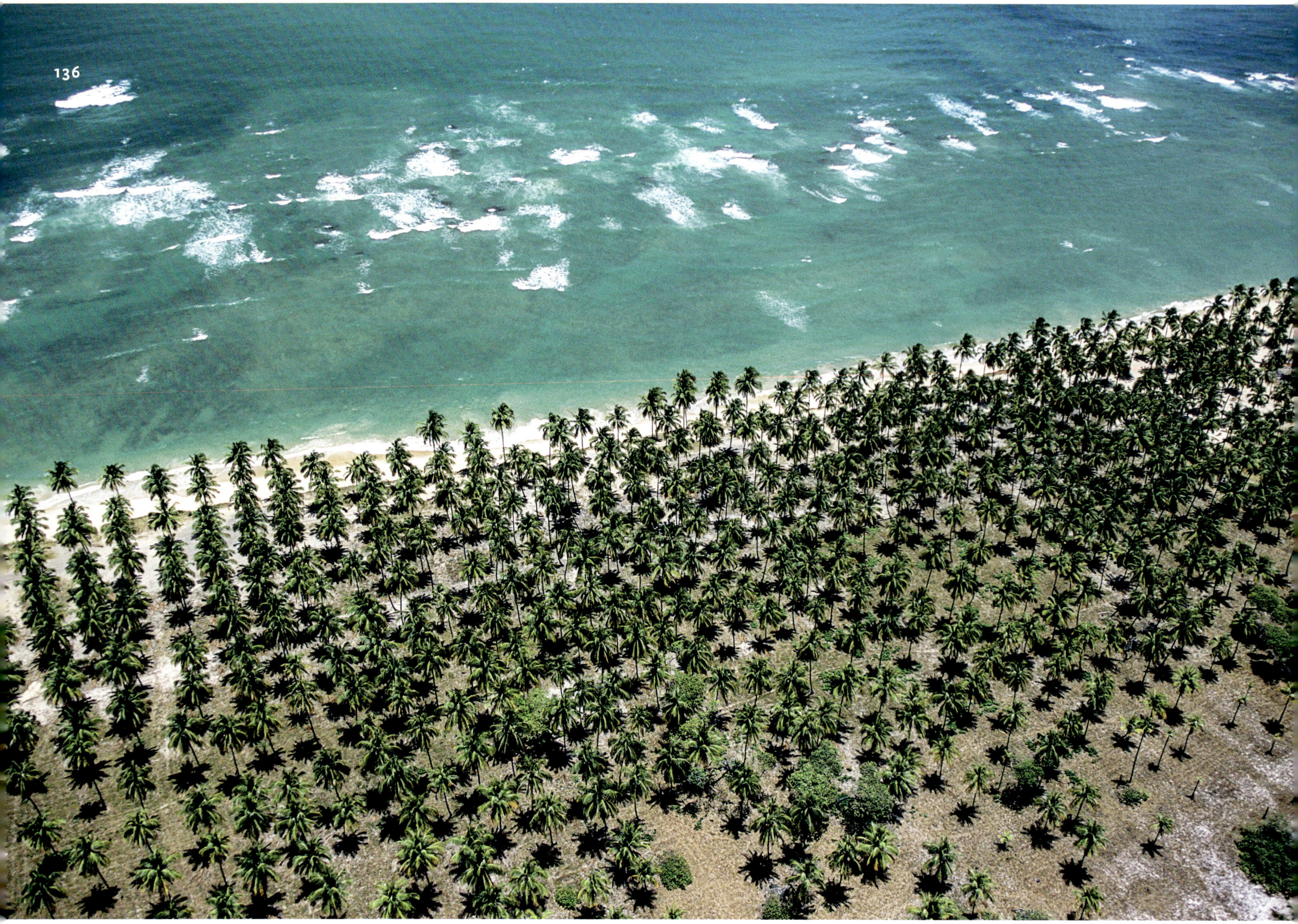

136 Praia do Paiva. Cabo de Santo Agostinho (PE), s/d. Eduardo Queiroga — Lumiar/SambaPhoto

137 Praia de Maragogi. Maragogi (AL), s/d. Eduardo Queiroga — Lumiar/SambaPhoto

136 Praia do Paiva (Paiva Beach). Cabo de Santo Agostinho (PE), n/d. Eduardo Queiroga — Lumiar/SambaPhoto

137 Praia de Maragogi (Maragogi Beach). Maragogi (AL), n/d. Eduardo Queiroga — Lumiar/SambaPhoto

138

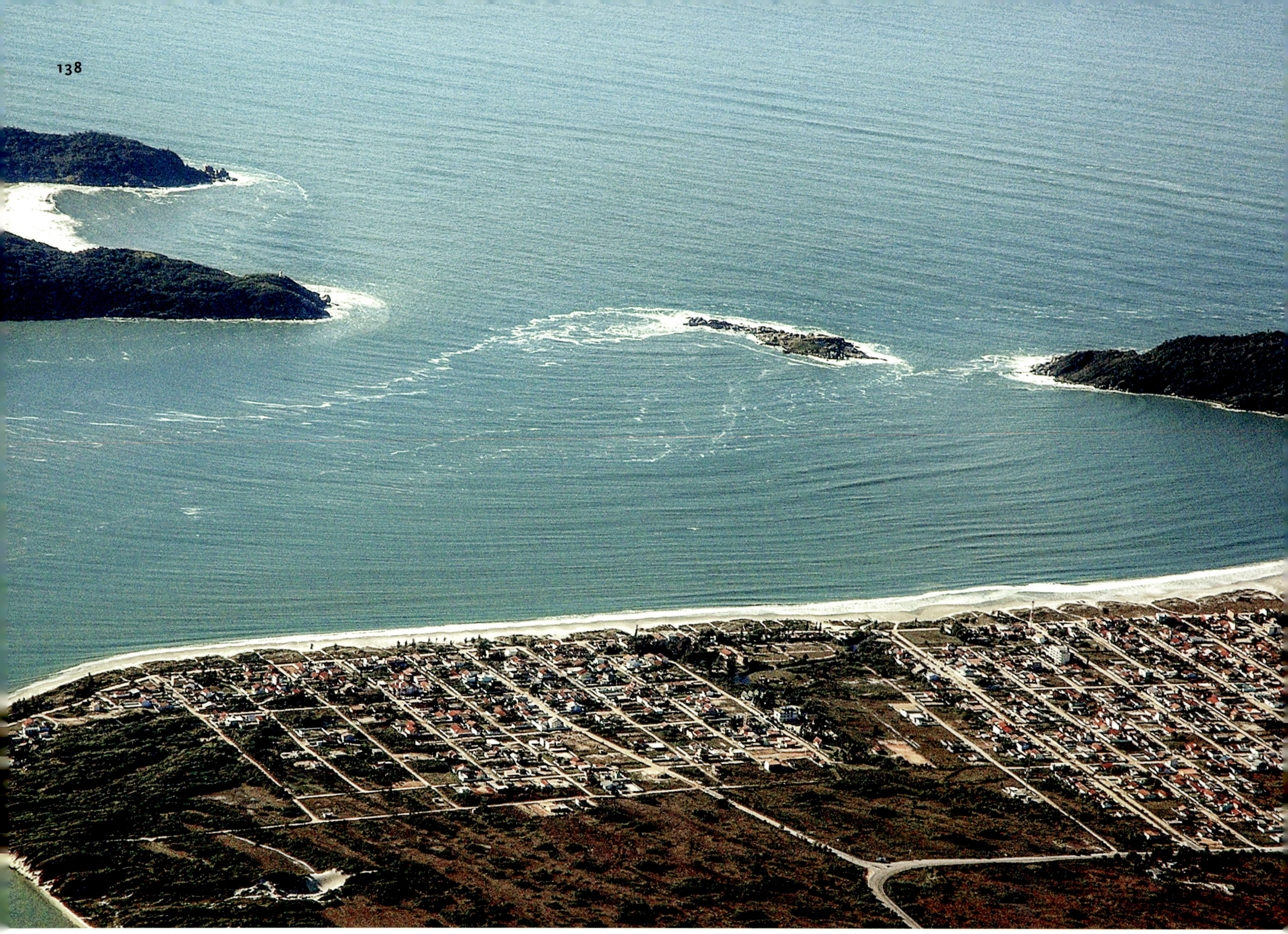

138   Praia do Sonho (primeiro plano), em Palhoça, e estreito do Ribeirão da Ilha, em Florianópolis. Florianópolis (SC), 2006. J.L. Cibils/Folhapress

139   Praia de Trancoso. Trancoso (BA), s/d. Alexandre Schneider/ Getty Images

138   Praia do Sonho (Sonho Beach) (foreground), in Palhoça; and strait of Ribeirão da Ilha, Florianópolis. Florianópolis (SC), 2006. J.L. Cibils/Folhapress

139   Praia de Trancoso (Trancoso Beach). Trancoso (BA), n/d. Alexandre Schneider/Getty Images

140 Praia de Ipanema. Rio de Janeiro (RJ), s/d. DEA/G — Sosio/Getty Images

140 Praia de Ipanema (Ipanema Beach). Rio de Janeiro (RJ), n/d. DEA/G. SOSIO/ Getty Images

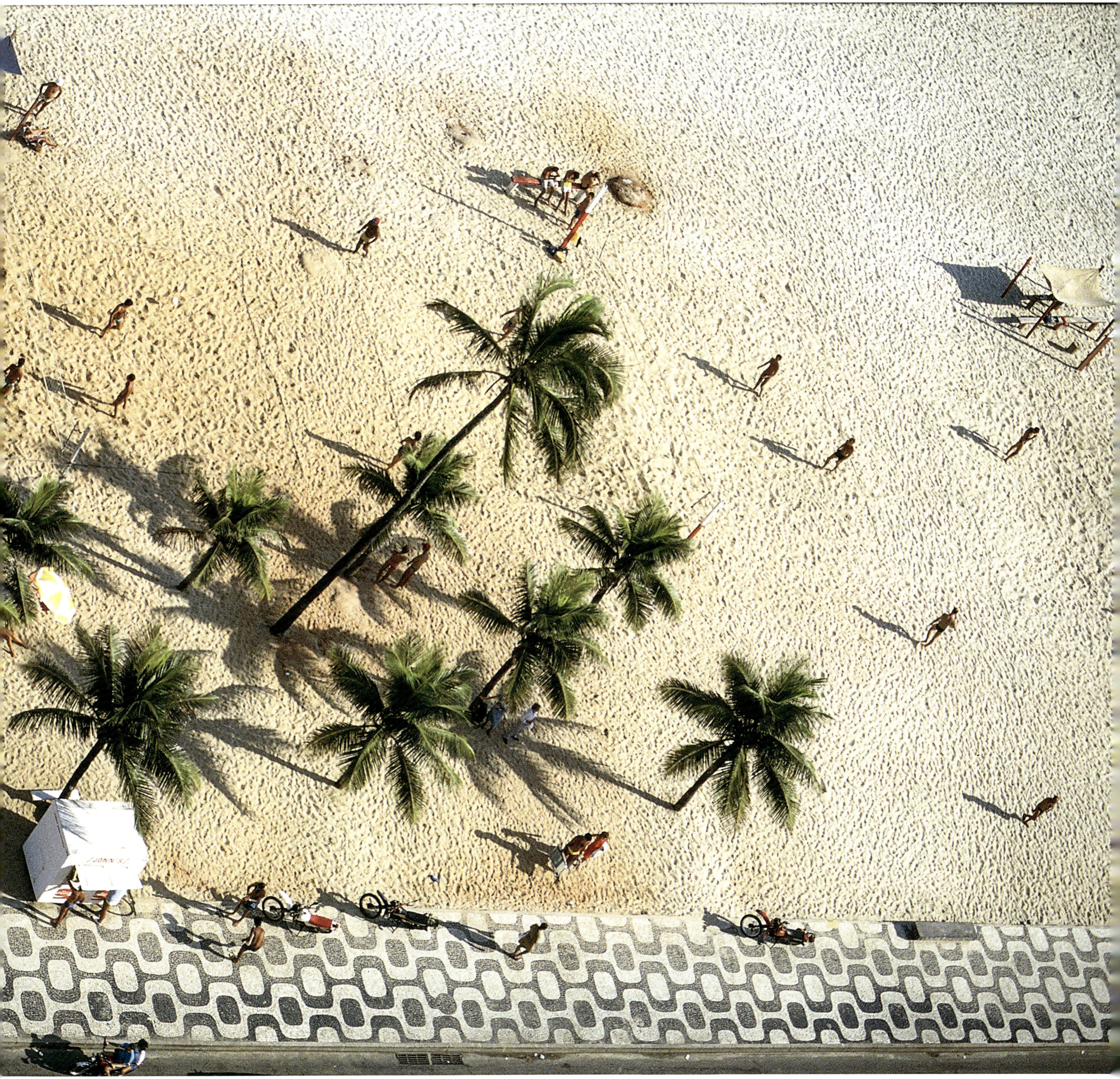

141 Angra dos Reis. Angra dos Reis (RJ), s/d. Cássio Vasconcellos/Getty Images

141 Angra dos Reis. Angra dos Reis (RJ), s/d. Cássio Vasconcellos/Getty Images

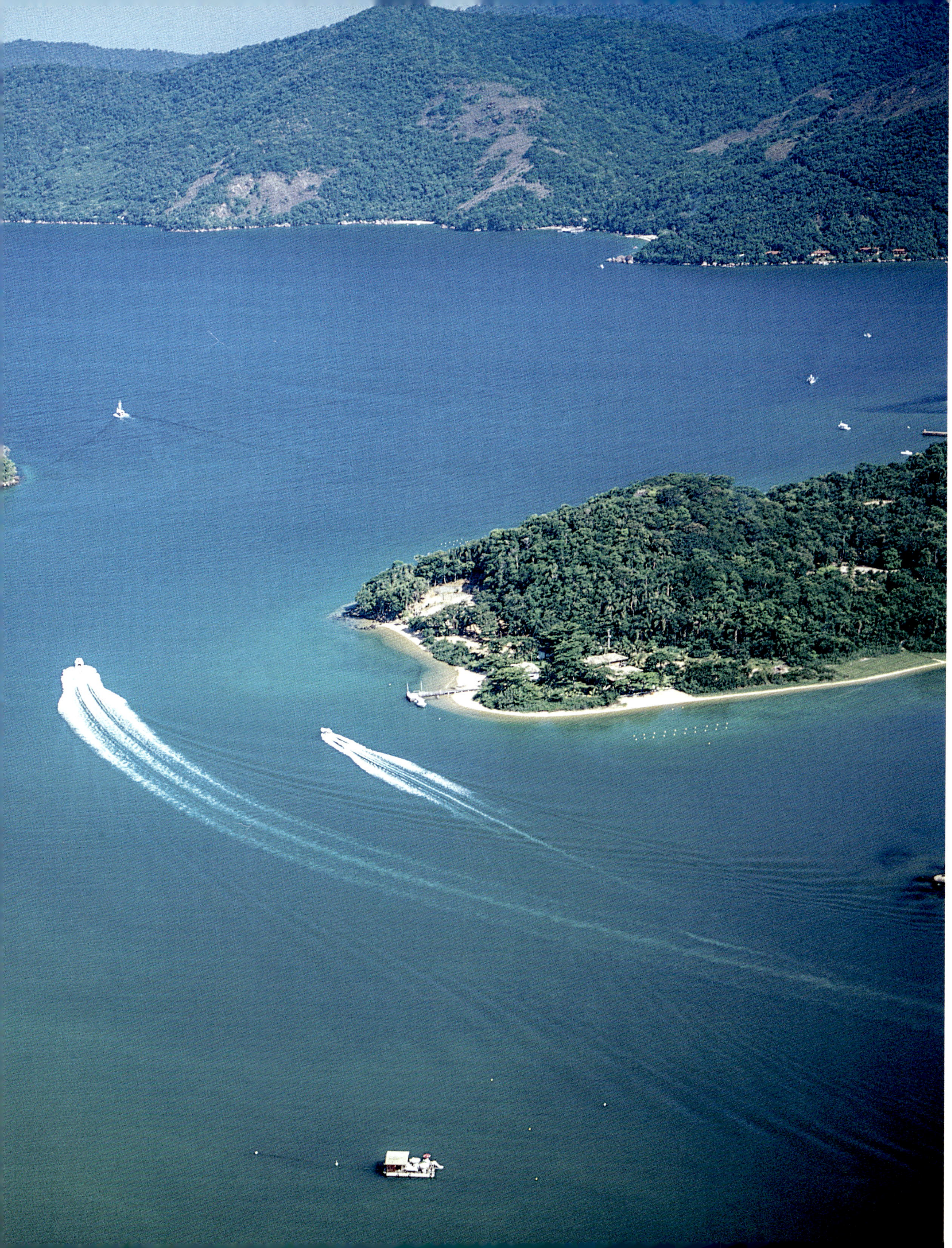

142 Praia de Torres. Torres (RS), s/d. Dorival Moreira/SambaPhoto

143 Porto de Galinhas. Ipojuca (PE), s/d. Ricardo Mendonça Ferreira/ Getty Images

142 Praia de Torres (Torres Beach). Torres (RS), n/d. Dorival Moreira/ SambaPhoto

143 Porto de Galinhas. Ipojuca (PE), n/d. Ricardo Mendonça Ferreira/ Getty Images

142

143

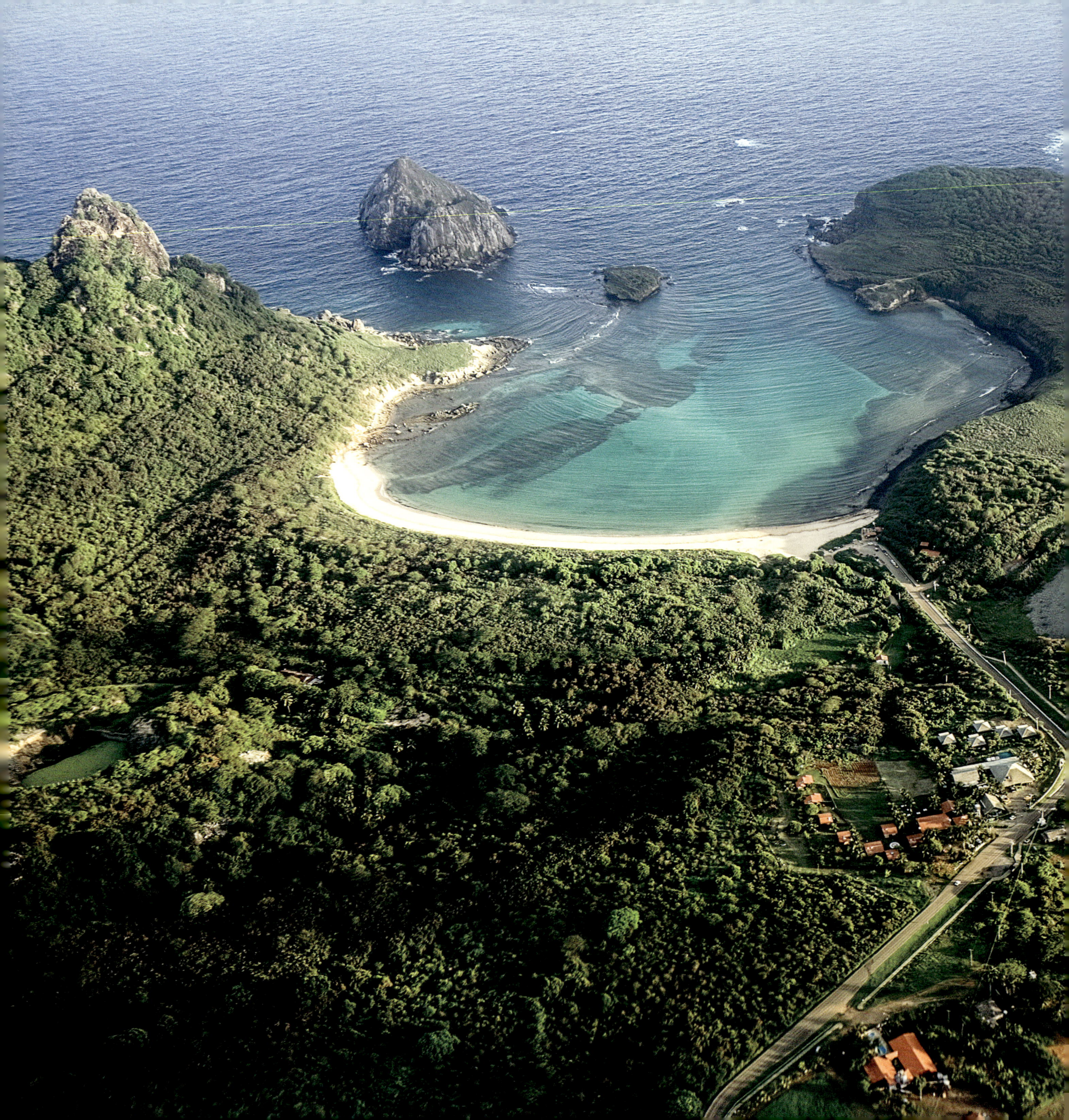

144 Arquipélago de Fernando de Noronha. Fernando de Noronha (PE), 2009. Bruno Figueiredo/Folhapress

144 Archipelago of Fernando de Nortonha. Fernando de Noronha (PE), 2009. Bruno Figueiredo/Folhapress

145

145 Praia do Corumbau, localizada em cidade homônima, no sul do Estado da Bahia. Corumbau significa "lugar distante", na língua dos índios pataxós, originários da região. Corumbau (BA), s/d. Claudio Lacerda Costa/Getty Images

146 Parque Nacional da Lagoa do Peixe, localizado no litoral sul do Estado do Rio Grande do Sul, abrangendo os municípios de Tavares (80%), Mostardas (17%) e São José do Norte (3%). A unidade foi criada em 1986 e conta com uma área de 36.722 ha e perímetro de 138,84 km. É administrado pelo Instituto Chico Mendes de Conservação da Biodiversidade (ICMBio). Rio Grande do Sul, 1999. Rodrigo Baleia/Folhapress

145 Praia do Corumbau (Corumbau Beach), in the city with the same name, in southern Bahia. Corumbau means "distant place" in the language of the Pataxó indians who lived in the region. Corumbau (BA), n/d. Claudio Lacerda Costa/Getty Images

146 Parque Nacional da Lagoa do Peixe (Lagoa do Peixe National Park) is located on the southern coast of Rio Grande do Sul, in the municipalities of Tavares (80%), Mostardas (17%) and São José do Norte (3%). The site was created in 1986 and comprises an area of 36,722 ha with a perimeter of 138.84 km. It is run by the Instituto Chico Mendes de Conservação da Biodiversidade (ICMBio — Chico Mendes Institute for Conservation of Biodiversity). Rio Grande do Sul, 1999. Rodrigo Baleia/Folhapress

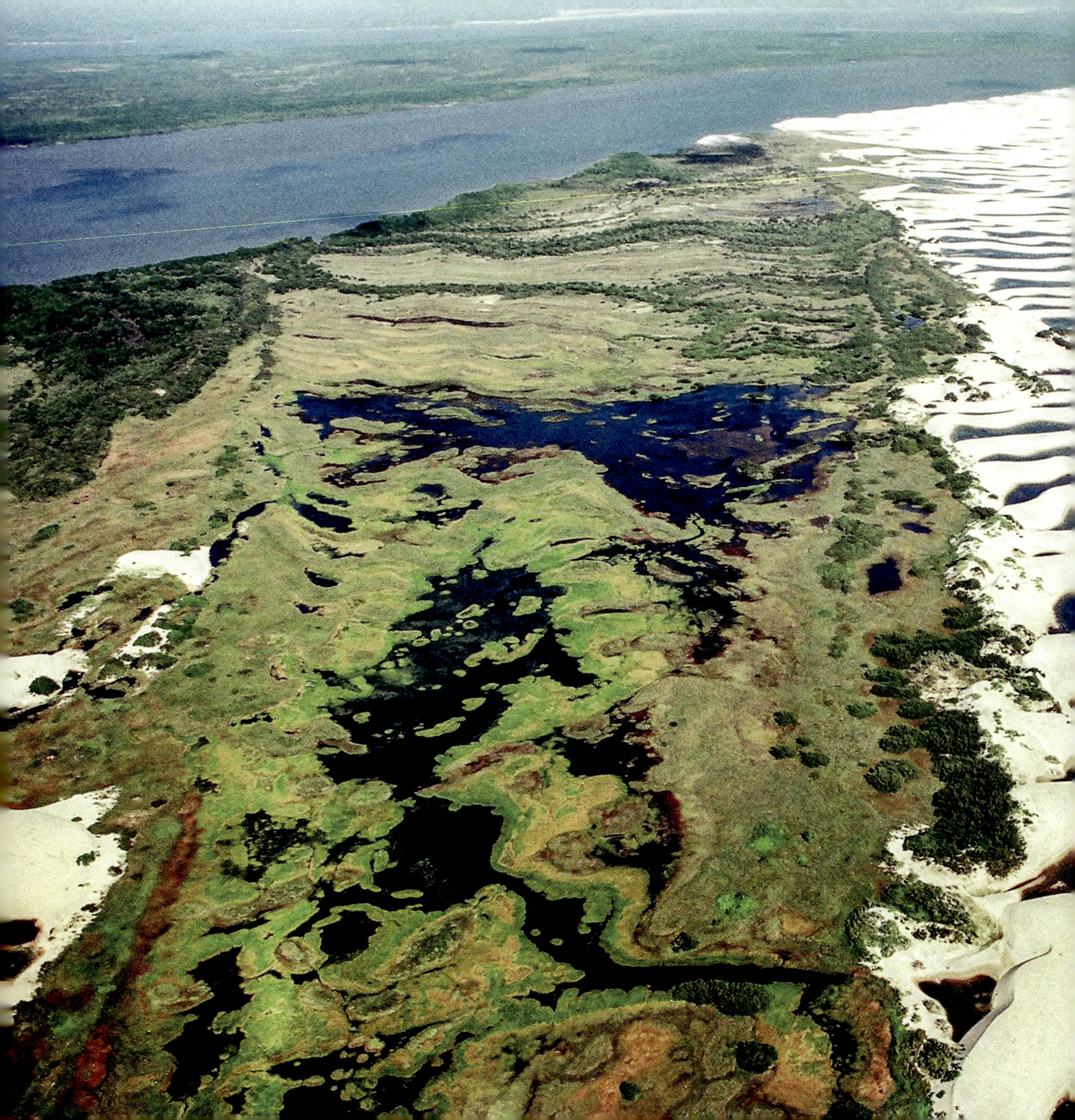

147

147	Lençóis do Delta do Rio Parnaíba, no norte do Piauí. Piauí, s/d. Aureliano Müller/Folhapress
148	Cataratas do Iguaçu. Foz do Iguaçu (PR), 2010. Bruno Marfinati/AEP/AE

147	*Water tables in the delta of Parnaíba river, north of the state of Piauí. Piauí, n/d. Aureliano Müller/Folhapress*
148	*Cataratas do Iguaçu (Iguassu Falls). Foz do Iguaçu (PR), 2010. Bruno Marfinati/AEP/AE*

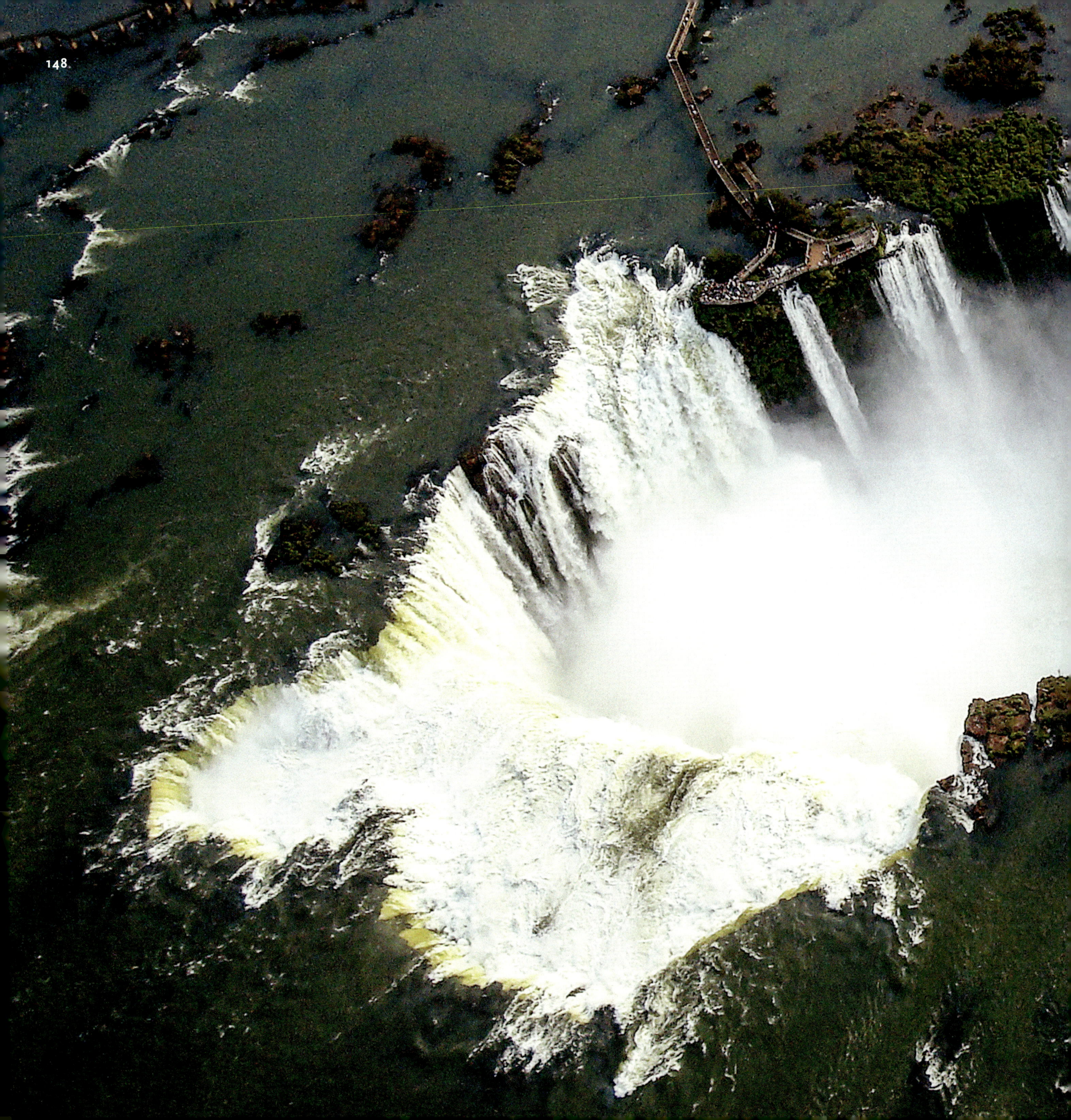

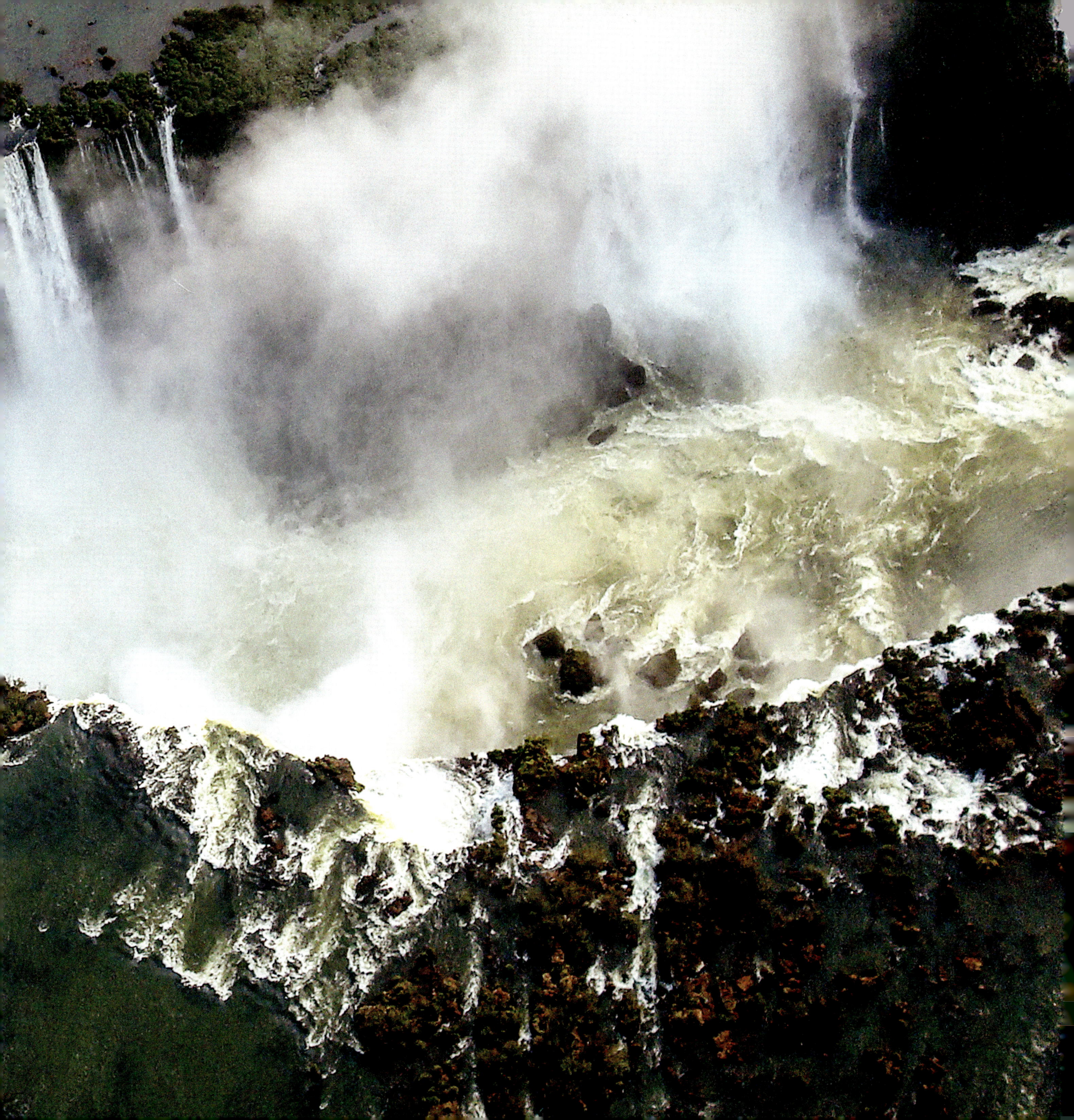

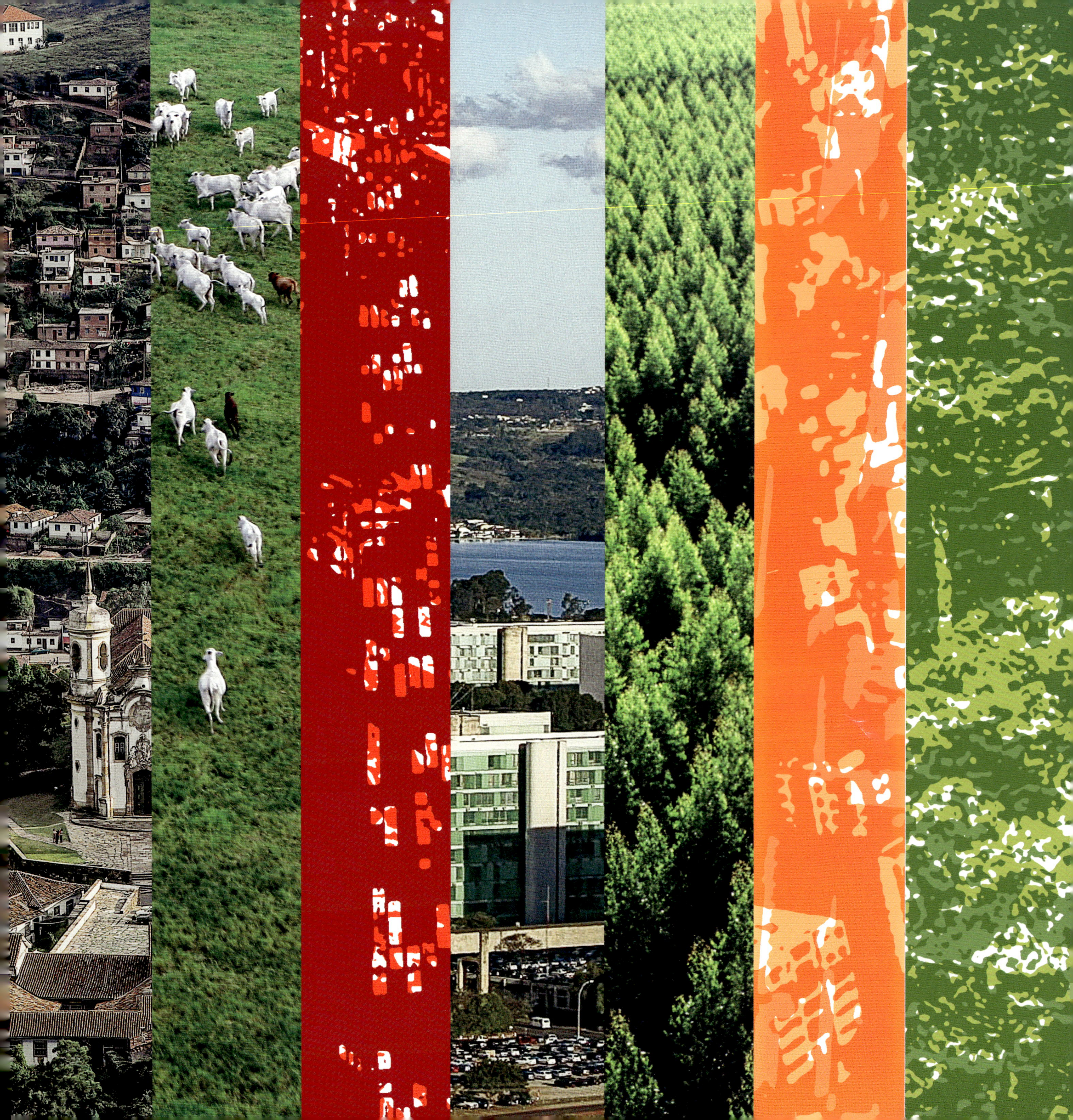

Visto de cima
Seen from above

Matthew Shirts é redator-chefe da revista *National Geographic Brasil* e coordenador editorial do Planeta Sustentável, projeto que reúne 38 títulos da Editora Abril e um site próprio. Escreve crônicas, também, para a revista *Veja São Paulo*. De 1994 a 2011 foi cronista do jornal *O Estado de S. Paulo*.

Americano criado na Califórnia, Shirts veio ao Brasil pela primeira vez como aluno de intercâmbio, em 1976, e foi viver na cidade de Dourados, no Mato Grosso do Sul.

Formou-se em Estudos Latino-Americanos na Universidade de Califórnia, em Berkeley, em 1981, estudou História na Universidade de São Paulo e foi aluno do lendário historiador Richard M. Morse na Universidade Stanford, onde fez pós-graduação no início dos anos 80.

Matthew Shirts is the publisher of National Geographic Brasil and editorial coordinator of Planeta Sustentável (Sustainable Planet), a project that comprises 38 titles of Editora Abril and a website. He also writes chronicles for Veja São Paulo magazine. From 1994 to 2011, he wrote for the newspaper O Estado de São Paulo. Matthew was born in the USA and raised in California. He visited Brazil for the first time as an exchange student in 1976, and lived in the city of Dourados, Mato Grosso do Sul. In 1981, he graduated in Latin American Studies at the University of California, Berkeley. He also studied History at University of São Paulo, in São Paulo, Brazil, and was student of the legendary historian Dr. Richard M. Morse from Stanford University, where he also completed his graduate studies in the beginning of the 1980.

Agradecimentos

Às seguintes pessoas e equipes:
Adolfo Francisco Gênio, Andrea Guasti, Antonio José Louçã Pargana, Carlos Alberto Ferreira, Carlos Henrique Quarello de Moraes, Carolina da Cruz Costa, Claudia Gomes Cabaleiro e Rosângela Andrade, da gerência de Comunicação da RPBC/Petrobras; Carmen Moura, Cris Catussatto, Elielza Aquino; equipe da Agência Estado; equipe GO Associados, em especial a Gesner Oliveira, Pedro Scazufca e Fernando S. Marcato; equipe Ipsis Gráfica e Editora, em especial a Fernando Ullmann, Adiel Nunes, Aline Castro, Ademir Tarcizio, Carlos Cotrim, Carlos Rudolf, Edson Conrado, Eduardo Almeida, Eduardo Souza, Eduardo Monezi, Elaine Valeriano, Erika Rostock, Gleice Bedani, Graziela Gomes, Marcelo Farabotto, Rogério Aquino, Salvador Rodrigues Junior, Silvana Quirino e Viviane Thomaz; Fernanda Carneiro, Fernando Alves, Gabriel Antonio Clemente dos Santos, Jonas Chun, Luciana Marin Faneco; Luciano Figueiredo, historiador e professor da Universidade Federal Fluminense; M. Carolina Pires dos Santos, Marcella Souza Steinke, Marcelo Cordeiro, Márcia Maria Marcondes, Marcos Piffer; Maria Lenir Paes Justo, historiadora; Maria Luiza Vieira, historiadora; Mariana Fernandes Saad, Marina C. Fernandes Saad; Marina Dias, pesquisadora; Miriam Collares Figueiredo, historiadora; Noemia Novaes, Paulo Fernandes Saad, Pedro Rebelo de Sousa, Renata Máximo, Roberta Marin Faneco Saad, Roberto Mendonça, Rodrigo Fonseca, designer e assistente de produção; Rogério Tomazela, Sérgio Retroz, historiador; Sheila Sant'Anna, Silvia Regina da Silva e William Norberto Aloise.

Acknowledgements

To the following people and teams:
Adolfo Francisco Gênio, Andrea Guasti, Antonio José Louçã Pargana, Carlos Alberto Ferreira, Carlos Henrique Quarello de Moraes, Carolina da Cruz Costa; Claudia Gomes Cabaleiro and Rosângela Andrade, from RPBC/Petrobras Communication Management; Carmen Moura, Cris Catussatto, Elielza Aquino; team of Agência Estado; team of GO Associados, especially Gesner Oliveira, Pedro Scazufca and Fernando S. Marcato; team of Ipsis Gráfica e Editora, especially Fernando Ullmann, Adiel Nunes, Aline Castro, Ademir Tarcizio, Carlos Cotrim, Carlos Rudolf, Edson Conrado, Eduardo Almeida, Eduardo Souza, Eduardo Monezi, Elaine Valeriano, Erika Rostock, Gleice Bedani, Graziela Gomes, Marcelo Farabotto, Rogério Aquino, Salvador Rodrigues Junior, Silvana Quirino and Viviane Thomaz; Fernanda Carneiro, Fernando Alves, Gabriel Antonio Clemente dos Santos, Jonas Chun, Luciana Marin Faneco; Luciano Figueiredo, historian and professor of Universidade Federal Fluminense; M. Carolina Pires dos Santos, Marcella Souza Steinke, Marcelo Cordeiro, Márcia Maria Marcondes, Marcos Piffer; Maria Lenir Paes Justo, historian; Maria Luiza Vieira, historian; Mariana Fernandes Saad, Marina C. Fernandes Saad; Marina Dias, researcher; Miriam Collares Figueiredo, historian; Noemia Novaes, Paulo Fernandes Saad, Pedro Rebelo de Sousa; Renata Máximo, Roberta Marin Faneco Saad, Roberto Mendonça; Rodrigo Fonseca, designer and production assistant; Rogério Tomazela, Sérgio Retroz, historian, Sheila Sant'Anna, Silvia Regina da Silva e William Norberto Aloise.

Crédito das imagens de capas e sobrecapas
Credits for images of covers and jackets

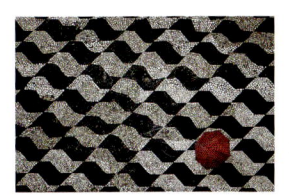

Calçada da Avenida Rangel Pestana, no centro de São Paulo. São Paulo (SP), s/d. Filipe Araújo/AE
Avenida Rangel Pestana Pedestrian thoroughfare in downtown São Paulo São Paulo (SP), s/d. Filipe Araújo/AE

Jangadas na Praia das Fontes, que é marcada por dunas e falésias coloridas, de onde jorram fontes de água doce. No meio das dunas se encontra a Lagoa da Uberaba, cujas águas abastecem a sede do município. Beberibe (CE), s/d. Ricardo Mendonça Ferreira/Getty Images
Rafts at Praia das Fontes (Fontes beach), known for its dunes, colorful cliffs, and gushing springs of fresh water. In the middle of the dunes, Lagoa da Uberaba (Uberaba lagoon) quenches the thirst of the community. Beberibe (CE), n/d. Ricardo Mendonça Ferreira/Getty Images

Este livro contém três sobrecapas sem qualquer alteração em seu conteúdo interno.
This book contains three jackets without any change in its internal content.

Baía de Todos os Santos, com vista do Forte de São Marcelo, ao qual só é possível chegar de barco. Popularmente conhecido como Forte do Mar, foi erguido sobre um pequeno banco de arrecifes a cerca de 300 metros da costa, fronteiro ao centro histórico da cidade. Destaca-se por estar dentro das águas e ser o único de planta circular no país, inspirado no Castelo de Santo Ângelo, em Roma, na Itália. Salvador (BA), 2009. Luciano Andrade/AE
Baía de Todos os Santos (All Saints' Bay), with the view of Forte de São Marcelo (São Marcelo Fort), which can only be arrived at by boat. Commonly known as Forte do Mar (Sea Fort), São Marcelo Fort was built on a small bank of reefs, approximately 300 meters from the coast. Facing the historic center of the city, it lauds being the only circular one in the country, and is based on Saint Angelo Castle in Italy. Salvador (BA), 2009. Luciano Andrade/AE

Densa floresta que marca a paisagem da região pantaneira. Mato Grosso (MT), s/d. Steve Winter/Getty Images
Dense forest distinguishes the landscape of the Pantanal region. Mato Grosso (MT), s/d. Steve Winter/Getty Images

Pistas do trecho sul do Rodoanel Mário Covas, Região Metropolitana de São Paulo. São Paulo (SP), s/d. Ricardo Beccari
Highway lanes in the southern section of Rodoanel Mário Covas, in São Paulo metropolitan region. São Paulo (SP), s/d. Ricardo Beccari

Arquipélago de Anavilhanas, que abrange cerca de 400 ilhas. É um dos maiores arquipélagos fluviais do mundo e está situado no Rio Negro, no Amazonas. Iranduba (AM), s/d. Kevin Schafer/Getty Images
Arquipélago de Anavilhanas (Anavilhanas archipelago), comprised of approximately 400 islands. It is one of the largest freshwater archipelago, located in the Rio Negro (Dark River), Amazonas. Iranduba (AM), s/d. Kevin Schafer/Getty Images

Ciclistas ocupam a Ponte Octavio Frias de Oliveira durante o World Bike Tour, iniciativa em comemoração aos 458 anos da cidade de São Paulo. São Paulo (SP), 2012. João Wainer/Folhapress
Bikers at Octavio Frias de Oliveira bridge during the World Bike Tour, an event celebrating the 458th anniversary of the city of São Paulo. São Paulo (SP), 2012. João Wainer/Folhapress

Vista do Pão de Açúcar com a estátua do Cristo Redentor em primeiro plano. Rio de Janeiro (RJ), s/d. Jeremy Walker/Getty Images
View of Pão de Açúcar (Sugarloaf Mountain) with the statue of Cristo Redentor (Christ the Redeemer) in the foreground. Rio de Janeiro (RJ), s/d. Jeremy Walker/Getty Images

Crédito das imagens iniciais
Credits of the initial images

Rosa dos ventos, na Praça da Sé, em cujo centro fica o marco zero da cidade de São Paulo. A peça hexagonal de mármore e tampo de bronze foi inaugurada em 18 de setembro de 1934 e simboliza o ponto mais central da cidade. São Paulo (SP), 2004. Tuca Vieira/Folhapress

'Windy Rose' at Praça da Sé, the exact center of the city of São Paulo. The hexagonal piece in marble and cover in bronze was inaugurated in September 18th, 1934 and represents the highest point of the city. São Paulo (SP), 2004. Tuca Vieira/Folhapress

Plantação de café, em Alfenas, região sul de Minas Gerais. O município, que pertencia à antiga Freguesia de Cabo Verde, começou a ser formado em 1784. Com clima e solo adequados a diversas culturas, além do café também produz arroz, alho, batata-inglesa, feijão, milho, cana-de-açúcar, mandioca, soja, tomate e frutas. Alfenas (MG), 2001. Alfredo Nagib Filho/Folhapress

Coffee plantation in Alfenas, a municipality in the southern part of Minas Gerais. The municipality, former belonging to old Freguesia de Cabo Verde, was founded in 1784. With a climate and soil appropriate for the different crops. Besides coffee other crops include: rice, garlic, potato, beans, corn, sugar cane, manioc, soy, tomato, and fruits. Alfenas (MG), 2001. Alfredo Nagib Filho/Folhapress

Detalhe da "tesourinha", trecho rodoviário da capital federal. As ruas de Brasília não têm nomes; os endereços são indicados por números e letras. O trânsito flui pelo Eixo Rodoviário e Eixo Monumental, que cortam a cidade no sinal da cruz que inspirou o projeto do Plano Piloto, e as "tesourinhas" são retornos em formato de trevo. Brasília (DF), 2005. Sérgio Lima/Folhapress

Detail of a "tesourinha" (small scissors), a road section in the Federal Capital. The streets in Brasília have no names; the addresses are composed of numbers and letters. The traffic flows through Eixo Rodoviário (Highway Axis) and the Eixo Monumental (Monumental Axis), that cross the city forming the sign of the cross, which inspired the project of the Plano Piloto (Pilot Plan). The "tesourinhas" (small scissors) are loops in four-leaf clover format. Brasília (DF), 2005. Sérgio Lima/Folhapress

FICHA TÉCNICA | *CREDITS*

Projeto Editorial | *Editorial Design*
Editora Brasileira de Arte e Cultura

Direção Editorial | *Editorial Directors*
Pedro Fernandes Saad
Claudia Fonseca

Texto | *Text*
Matthew Shirts

Direção de Arte e Projeto Gráfico | *Art Direction and Graphic Design*
Fabio Mariano — Fonte Design

Pesquisa Iconográfica | *Iconographic Research*
Clau Fonseca — Treinamento & Memória

Revisão de Texto | *Copyeditor*
Sílvia Balderama

Versão para o Inglês | *English Translation*
Cipriana Leme
Sandra Garcia
Jennifer Sarah Cooper

Fotografias — Acervos | *Photographs — Archives*
Agência Estado — AE
Folhapress
Getty Images Brasil
Ricardo Beccari

Assistentes Editoriais | *Assistant Editors*
Marianna S. Domingos
Sérgio Sami Saad
Roberta Marin Faneco Saad
Marieh Bardal
Flávia Rios

Assessoria Jurídica | *Legal Counselling*
Fernando S. Marcato
Odilon de Moura Saad

Impressão | *Printing*
Ipsis Gráfica e Editora

Dados Internacionais de Catalogação na Publicação (CIP)
(Câmara Brasileira do Livro, SP, Brasil)

Brasil visto de cima = Seen from above /
[direção editorial/editorial directors Pedro Fernandes Saad, Claudia Fonseca;
versão para o inglês / English translation Cipriana Leme, Sandra Garcia, Jennifer Sarah Cooper].
— São Paulo: Editora Brasileira de Arte e Cultura, 2013.

Edição bilíngue: português/inglês.
ISBN 978-85-63186-10-2

1. Fotografias - Brasil 2. Fotografias aéreas
I. Saad, Pedro Fernandes. II. Fonseca, Claudia.
III. Título: Seen from above.

13-04341   CDD-779.9981

Índices para catálogo sistemático:
1. Brasil: Fotografias 779.9981
2. Fotografias: Brasil 779.9981

PATROCÍNIO | *SPONSORSHIP*

REALIZAÇÃO | *REALIZATION*

O texto deste livro foi composto em
Gandhi Sans sobre papel couché fosco 170 g/m²,
impressão offset em 4 cores pela Ipsis Gráfica
e Editora em abril de 2013.
Tiragem de 3.000 exemplares

The text of this book was composed in
Gandhi Sans on couché paper,
dull finish, 170 g/m², 4-color offset printing,
by Ipsis Gráfica e Editora in April 2013.
Print run of 3,000 copies.